U0562812

何兆武
思想文化随笔

冲击与反响

何兆武谈文化

何兆武 / 著

学林出版社

自　述 [*]

　　我原籍湖南岳阳，1921年9月生于北京。1937年7月抗日战争全面爆发时就读北京师范大学附属中学高中一年级；9月全家间道南返故乡，在长沙中央大学附属中学（由南京迁校）；1939年入西南联合大学；1943年毕业于西南联大历史系；1943年至1946年读清华大学（西南联大）研究生。

　　毕业后，按时间顺序，我基本的简历如下：1946年至1949年任中国台湾"建国中学"、湖南第十一中学教师；1949年至1950年于华北人民革命大学政治研究院毕业；1950年至1952年任北京图书馆编目员；1952年至1956年任西安师范学院历史系讲师；1956

* 本文原载《世纪学人自述》（北京：北京十月文艺出版社，2000年），收入本书，编者略有修改。

年至 1986 年任中国科学院（中国社会科学院）历史研究所助理研究员、研究员；1986 年后任清华大学文化研究所教授。

在学术交流方面，1980 年任中美文化交流委员会中方访问美国学者；1984 年任美国哥伦比亚大学鲁斯基金访问教授；1986 年至 1987 年任中国社会科学院世界史研究所特约研究员；1993 年至 1995 年任德国马堡大学客座教授。

我自己幼儿时正值军阀混战，但北洋军阀统治时期仍给我留下了深刻的印象——它和后来的国民党统治时期有很大的不同——有些印象至今难忘。其后做小学生时又值"北伐"和"九一八"事变，"九一八"事变以后无日不在危城之中。上中学时，全民抗日战争爆发，随后是不断的颠沛流离。上大学时是"欧战"，继而是太平洋战争的爆发。读研究生时，第二次世界大战结束。或许是由于自幼在古老的北京城里生活所培育的思古之幽情和连年战乱所引发的对人类历史和命运的感触和思索，使我选择了历史作为专业。

求学时期许多师友的启发，以及虽在战时却仍然相当丰富的图书与便利的阅读条件，容许我经历了相当长的一段难忘的时光。在物质生活极其艰苦之时，却往往能得到精神上无比的启蒙之乐。

当时的校园没有严格的组织纪律，它给了学生们很大的自由度，可以自由转系、自由旁听，不同专业和不同年级的同学共同生活在一起。我自己曾前后转过四个系，曾旁听过吴宓先生的"欧洲文学史"和"文学与人生"，沈从文先生的"中国小说"，陈福田先生的"西洋小说"，张奚若先生的"西洋政治思想史"和"近代西洋政治思想史"，刘文典先生的"温李诗"，冯至先生的"浮士德"，汤用彤先生的"大陆理性主义"和其他的课程和讲演。这些都不是我的必修课和选修课。同学好友中王浩和郑林生都曾对我的思想有过很大的影响。他们的专业我虽然一窍不通，但他们的谈话和思路每每给我以极大的启发。在专业上，噶邦福老师（J.J.Gapanovitch）则是引导我对历史哲学感兴趣的指路人。

新中国成立后，自20世纪50年代至20世纪80年代我参加了侯外庐先生领导的中国思想史研究班子，作为他的助手工作了30年。

我认为侯先生的最大优点和特点是决不把思想史讲成是思想本身独立的历史，即不是从思想到思想，而是把思想首先当成是现实生活的产物，然后才是它从前人的思想储备库中汲取某些资料、方法和智慧。这本来也是马克思主义最根本的原则之所在，即存在决定意识，而不是意识决定存在。然而20世纪60年代所风行的观点却正好反其道而行之，专门强调思想领先，把事情说成是思想在决定一切存在，历史是沿着思想所开辟的航道前进的。当时各种运动、劳动、社会活动和不务正业的各种业务接连不断，几乎占去了一个人绝大部分的时间，自己的专业也就无从谈起。

因为对西方思想史也感兴趣，所以不时也偷暇翻阅一些，这在当时被认为是"自留地"或是"地下工厂"的。偶然得到了哈布瓦赫（Halbwachs）的卢梭《社会契约论》的注释本。卢梭的书已是西方思想史上的经典著作，在中国近代史上也曾大有影响，而居然没有一个可读的中译本，更不用说注释本。于是我又找来几种名家的注释本和沃恩（Vaughan）的权威本，除了翻译本文之外，还做了些集注的工作，多年来已前后修订过三次。

近代西方思想史，我以为实际上是两大主潮的互相颉颃：一条是由笛卡尔所开辟的"以脑思维"的路线；另一条是由帕斯卡所开辟的"以心思维"的路线。后一条路线并不违反科学，帕斯卡本人就是近代最杰出的数学家和实验物理学家。

我恰好有一本布伦茨威格（Brunschvicg）的帕斯卡权威本，所以就译了他的《思想录》，并找了几种注释本，也做了一点集注和诠释的工作。在我感兴趣的历史哲学领域，我以为康德的《历史理性批判》一书，迄今仍不失为西方最深刻、最有价值的著作，所以在20世纪六七十年代把它译了出来。

20世纪70年代以后，时间较多，研究环境也较前宽松，几次出国，也接触到了一些过去未能见到的书和材料，于是又动手翻译了几部书，也写了一些文章。文章大多已收入自己的书中和文集中。

近代中国较近代西方落后了一步，所以19世纪、20世纪的中国还在补西方18世纪、19世纪的课。把历史学认同于科学，就是在思想上补19世纪实证主义的课。

我以为历史学既有其科学的一面（所以它必须服从科学而不能违反科学），又有非科学的一面（所以就不能以实验科学那种意义上的科学要求为尽历史学之能事）。

作为一门独立的学科，历史学（和人文学科）还另有其自己独特的纪律、规范和准绳（Criterion）。我希望有人能把它写出来，我自己也愿意做一点抛砖引玉的工作。

历史学研究的对象是人的活动，所以研究人性运动的轨迹（即历史）就是历史学的当然任务。人性当然包括阶级性在内，但阶级性并不能穷尽人性。善意固然是人性，恶意也是人性。"文革"对于其他专业工作者未免是一种损失，使他们失去了大量宝贵的钻研时间。但是唯独对于文科来说（如历史学、哲学、文学等），它却也是一次无比的收获，它使得我们有千载难逢的机会去体验到人性的深处。几千年全部的中国历史和在历史中所形成的人性，都以最浓缩的形式在最短的时间之内迸发出来。如果今天的历史学家不能运用这样空前的优异条件写出一部或若干部的中国史、世界史以及历史学理论、方法论、历史哲学的书来，那就未免太辜负自己所经历的时代了。

目　录

001　中学、西学与近代化

018　中西文化交流与近代化

040　冲击和反响
　　　——对近代中西文化交流的反思

053　也谈对《学衡》派的认识与评价

069　历史坐标的定位
　　　——为《本土和域外：中西文化交流史论》而写

080　本土和域外

109　自然权利的观念与文化传统

141　明末清初西学之再评价

160　纪念清华国学研究院成立80周年感言

165   应重视精神文明的现代化

169   关于诺贝尔奖情结

173   编　后

中学、西学与近代化

◇ 人文科学、社会科学——无所谓中学西学，只有正确与错误之分、精粗之分和高低之分。

◇ 近代科学本身并不能脱离社会而独立，近代科学必须有与其生存相适应的社会条件和政治条件。没有相应的政治、社会背景，近代科学是不会产生的，如果一个政体还是神权政治和封建经学的意识形态，那是不会有近代科学的。

◇ 作为知识，"学"有高低之分、精粗之分、真伪之分，但是无所谓中学西学的。

◇ 学术是人类共同的财富、共同的事业，大家都应当参与进去。假如强调中学特色是用之以对抗西方的话，我以为这种想法是错误的，应该是善于吸收别人先进的东西，而不必用这种办法为自己壮胆。什么"21世纪是中国的世纪"等说法，恐怕不是一种健康的心态，一个健康的心态似乎没有必要去宣传这种概念。宣扬本民族的优越，那是狭隘的民族主义。

◇ 如果说，科学必须要有一个条件，那就是思想自由。如果在思想上没有自由，学术是无法进步的。一个神权政治之下的学术是很难进步的。

◇ 民主就是民主，不民主就是不民主或者假民主。民主和科学一样，也有粗精之分、高低之分，形式可以有不同，但实质是一样的。

◇ 近代化是一个全球性的潮流，是一个普遍的潮流……如果没有科学和民主，就很难有近代化。

◇ 只要有一个国家、一个民族近代化，别的国家、民族也迟早要走这条路，这是一条普遍的、共同的道路。

◇ 中学西学的对立是不存在的；每个民族都有自己的特色，但这是第二位的，第一位的是普遍的。就我们现在来说，近代化是第一位的，民族特性是第二位的。

中学与西学

从鸦片战争到今天的一个半世纪里，中学与西学之争是不断的。我原以为新中国成立后就不存在这个问题了，因为新中国成立后我们的思想应该提高了一个层次，这个问题就不成其为问题了。可是出乎我的意料，这些年——至少自改革开放以来——中学西学的问题又成了一个争论的焦点。因此我先谈自己对这个问题的理解，再由此来谈现代化（或者说"近代化"，这两个词在英文里都是 modernization）。

中学西学之争是怎么发生的？鸦片战争中国打了败仗，觉得自己原来的那套东西不行了，要改革，就反思：为什么自认为是天朝上国的中国被打败了？是因为洋人的船坚炮利。所以那时先进的知识分子提出，要"师夷长技以制夷"。这可以说是最早的西学，也就是指"夷人"所擅长的技术。又过了一段时间，人们发现船坚炮利不单是一个技术问题，船坚炮利需要有船坚炮利的根据，这个根据就是近代科学。中国没有近代科学，所以这时就形成了一个"西学"的概念，也即"西洋的科学"。这个科学也很简单，是声光化电，也就是化学、物理学、数学。因为没有这些自然科学知识就没有近代工业，可以说，近代工业就是科学的使用，就是把科学的原理应用到实业上。所以，这时的人们，至少是先进的知识分子的思想就提高了一步：我们要学习"夷人"的"长技"，就要学习"西学"。

到了甲午战争的时候，原先中国的藩属蕞尔小国日本把中国打败，这是更加丢脸的事情。人们开始觉得中国的不行表面上是科学技术的落后，但实际上是我们整个学术体系不行。这时候便出现了所谓中学西学之争。它实际上把中国的思想界分成两个阵营：一个是西学阵营，他们认为，我们应该学习西学，这里的西学主要还是指西方的科学；另一个可以说是保守的阵营，他们还是要弘扬中国的传统学术和思想。当然也有折中派，折中派的提法也不同，最有名的是清末洋务派首领张之洞在《劝学篇》里说的"中学为体，西学为用"（当然，这个说法并不是他最先提出的）。一直到今天，也有人赞成这个口号。"中学为体，西学为用"说的是，我们中国过去有一套传统，主要指儒家的思想体系，这个才是我们的体，但我们也不能光有这个体，也要有一些技术性的东西，就是西学，就是要学习西方的科学技术，为中学的意识形态服务。这在当时是一个很有力的声音。这个口号在最初一个阶段实质上是为西学争地盘，后来则是日益为中学争统治权了。

其中一个思想家值得一提，他就是清末戊戌变法时的谭嗣同。谭嗣同有一本重要的著作名为《仁学》。他想在书中构建一个哲学体系，这里面有中国传统的儒家的仁义道德，也引用了一些西方的概念。其实谭嗣同那个时候对西方的了解是表面的、肤浅的。他特别吸收了西方的"以太"的观念，认为以太就是世界的本体，以太就是仁，仁也就是以太。这件事表明，我们中国参与世界学术思想的主流是很晚的事情。因为在谭嗣同之前10年，也就是19世纪80年代，就有两位物理学家——迈克尔逊（Albert Abraham Michelson，1852—1931）和莫雷（Edward Williams Morley，1838—1923）经过反复实验，证明世界上并不存在以太。而谭嗣同还是在借用这个概念。人们也不应迷信科学，对科学应该是一个动态的理解，科学只表明人们现在的认识所达到的地步，将来的进步在某种程度上也就是否定现在的认识。

入了民国之后，中学西学的对立继续存在。袁世凯要求立帝制时的情形在某种程度上也反映了当时思想上这两方面的斗争。袁世凯儒冠儒服祭天祭孔，蔡元培主持北京大学就废除了经学科。此后，在五四运动中便提出"科学与民主"的口号。

在历史上，科学有两种，一种是古代的科学，一种是近代的科学。近代的科学是有系统的、有意识的、进行实验实证的科学，这种意义上的科学是古代所没有的。当时的西方为什么比中国先进？因为有了近代科学。科学的应用便是近代工业。但是近代科学本身并不能脱离社会而独立，近代科学必须有与其生存相适应的社会条件和政治条件。没有相应的政治、社会背景，近代科学是不会产生的，如果一个政体还是神权政治和封建经学的意识形态，那是不会有近代科学的。近代科学是讲实证的，而神学是讲天命的。例如洪秀全，他自认是上帝的儿子、耶稣基督的弟弟，说的都是真理，那样科学就不会有存在的条件。中国过去的专制政体，天子是受命于天，人们不能反对。在这种思想的专制之下，是不可能会有科学进步的。

再举一例，西方一直到 17 世纪，人们有一个信条，认为"自然畏惧真空"，就是自然界中的任何地方都有物质，自然界没有真空。后来法国著名的科学家帕斯卡（Blaise Pascal，1623—1662）做了一个实验，证明自然界存在真空。这个实验打破了古老的信条——只有这样科学才能进步。

中国古代的科学总是在古书中找根据，而不是自己去摸索、去做试验，然后得出自己的结论。"曾经圣人手，议论安敢到"，如果一个学术到了这个地步，这样的学术是无法进步的。

五四运动的口号是"科学与民主"，它的对立面则是中国传统的圣贤的立言，是自古人们以为的宇宙中不能触动的大经大法。五四运动虽然有政治性，但它本身应该算是一场思想文化的运动、思想解放的运动。"五四"之后，科学与民主的思想在我国占了主流，但守旧的思想并没有退出。所以在 20 世纪 30 年代的时候，从国民党中央到地方军阀，比如说在北京的二十九军的宋哲元，在山东的韩复榘，在湖南的湘系军阀何键，在广东的军阀"南天王"陈济棠，他们都赞成尊孔读经。而尊孔读经的对立面是科学与民主和马克思主义。

我认为，中学西学只是历史上一种方便的习惯提法，不能绕离当时的语境。因为作为知识，"学"有高低之分、精粗之分、真伪之分，但是无所谓中西的。举例来说，中国古代的《周礼》中记载，一个圆是"周三径一"。可以想象，只要你会做车轮，那么通过长期的实践，就可以知道车轮的周长和直径大概是 3：1 的关系。而这个知识西方也知道。你不能说圆周率是中学或者西学。又如，一个直角三角形，中国人知道它是勾方加股方等于弦方，而古希腊的数学家毕达哥拉斯的定理也是这个。作为知识的"学"可能是中国人最早发现的，也可能是西方人最早发现的，但并不能因此就说它是中学或者西学。顺便说明，中国原来没有几何学，几何学作为一种系统的学问，是由明朝末年天主教传教士利玛窦传来的，自明朝末年徐光启翻译《几何原本》之后，中国才有几何学的知识。但这并不意味着几何学是"西学"。利玛窦是意大利人，这也不意味着几何学是"意学"。《几何原本》是翻译的欧几里得几何，欧几里得是古希腊的数学家，但是我们也不能说欧几里得几何学是"希腊学",它仅仅是源于希腊,和希腊并没有本质的关系,别的国家也能学会,这并不属于谁的专利。再往早推一点,几何学实际上是古埃及的"测地学",是在尼罗河泛滥之后用来测量土地的,"geo"就是"大地","metry"就是"测量",但我们当然也不能说"geometry"是"埃及学"。

当时还有一个流行的见解,认为西学主要的就是近代的自然科学,是中国所没有的。而中学,也就是孔孟之道、仁义道德,是西方没有的。这个说法也不成立。我们知道,声光化电这些近代自然科学由于某些历史的原因最早没有在中国出现,但这并不意味着中国人不能掌握这些东西,近代中国也一样出了世界级的数学家、物理学家。这些学并不是某些地方的特产,只不过是某些地区先出现,某些地方后出现而已,为了方便,我们不妨称之为西学或中学而已。绝不能认为某种知识就是属于某个民族的专利。例如声光化电是西学,而仁义道德则是中学,中国也可以讲声光化电,而西方也不是不讲仁义道德。比如大名鼎鼎的亚当·斯密当年在曼彻斯特大学是伦理学的教授,他的《道德情操论》也是讲道德的。德国哲学家康德的第二批判《实践理性批判》,就是讲伦理道德的。所以并不是西方人就不讲仁义道德。作为知识来说,无所谓中学西学。所谓中学西学,是我们为了方便起见，按其最早出现的地方来取的一个名字而已。

我们知道，近代科学中最具代表性的是牛顿的体系，牛顿是17世纪英国的数学家、物理学家，但牛顿以后，牛顿力学体系的发扬光大不是在英国，而是在法国，法国出来一批沿着牛顿路数走的数学家和物理学家，他们被称为分析学派，在近代科学上获得了极大的成功，但我们只能说法国的科学家对近代科学有极大的贡献，而不能说他们这就是"法学"，更不能称之为"英学"，因为这门学问后来各个国家都可以学到，也都有所贡献。

上面说的主要是自然科学，在社会科学、人文科学方面也同样如此。例如，马克思是德国人，可是你不能说马克思主义是"德学"。就科学的本质来说——这里是指广义的科学，包括人文科学、社会科学——无所谓中学西学，只有正确与错误之分、精粗之分和高低之分。18世纪末的法国大革命把许多贵族都送上了断头台，其中有个名叫拉瓦锡（Antoine Laurent Lavoisier，1743－1794）的人，他是近代化学之父，近代化学是在他那里才开始成为系统的科学。但他是被送上了断头台的反革命。他在科学上的正确与否是一回事，他的政治活动是另一回事，我们不能用后者反对前者，也不能用前者论证后者，这是两回事。我认为，学术中有真伪、高低的问题，但没有中和西的问题，没有民族特色的问题。

学术的民族特色只有在如下的意义上可能存在。例如，中国过去黄河经常泛滥，于是出了许多杰出的治水专家，同时中国的数学和治水有密切的关系——这是我听一个老前辈讲的，他说中国解三次方程比别的国家都早，因为治黄河的时候要修堤坝，要计算堤坝用多少土方，一个土方就是一个立体，就是一个三次方程，所以中国数学的三次方程走在世界的前列。可是你不能说这就是"中学"。后来过了二三百年，意大利的两位数学家对于三次方程、四次方程找出了通解，人们也不能说这是"意学"，而只能说它是代数学，具有普遍性的。

中学西学之争实际上是不存在的，因此也没有必要强调学术上的中国特色。强调中国特色的目的是什么？是用这种方法来对抗西学？这个说法是不能成立的。每个人自然有每个人的特色，每个人都不会和别人相同，这就是个人的特色，但不必特别强调个人的特色用以对抗别人。每个民族都有它的贡献。学术是人类共同的财富、共同的事业，大家都应当参与进去。假如强调中学特色是用之以对抗西方的话，我以为这种想法是错误的，应该是善于吸收别人先进的东西，而不必用这种办法为自己壮胆。我觉得，什么"21世纪是中国的世纪"等等说法，恐怕不是一种健康的心态，一个健康的心态似乎没有必要去宣传这种概念。宣扬本民族的优越，那是狭隘的民族主义。

近代化

人类的文明至少已经有六七千年了，而就世界上出现生物学意义上的人来说，已经有几百万年了。北京周口店的猿人据说是50万年前的，在东非等地的发现至少是二三百万年了。人类文明史相对于人类史来说，乃是非常短促的一段。

什么是文明？我想简单地做一个解说，文明是不断进步的，这是人类和其他任何生物品种都不一样的地方。有些生物也很聪明，比如狗，但狗没有文明，下一代的狗和上一代的狗是一样的，它超不过上一代。只有人能超过上一代。因为人类有进步，这是人类的特殊之处，文明靠的就是人类的进步。谭嗣同的《仁学》里面讲，世界万物都不外是由73种元素构成的，这个观点要比我们的老祖宗进步了，老祖宗认为世界是由金、木、水、火、土五行组成的。我这一代人又比谭嗣同晚了两代了，到我做中学生学化学的时候，说所有的物质都是由 92 种元素构成的。今天知道，元素已经有 106、107 种之多，将来怎么样不知道，但有一点可以肯定，将来我们对物质比今天还有进一步的认识。

人类的文明是怎么来的？就是靠人类不断地进步。人类为什么能不断地进步？借用牛顿的话，就是因为我们站在巨人的肩膀上，所以就可能不断进步。因此我们今天就不要一定以孔孟为准，我们比孔孟高明，高明在哪里？我们站在他们的肩膀上。人类的文明就是这样进步的。一切其他物种都没有进步，也没有文明。

人类文明的进步有一个非常重要的因素，就是文字的出现。文字的出现能把人类的文明积累起来并传承下去，如果没有文字的话，我们每一代还是重复前一代，那在某种程度上就和狗的生活一样了。

另外一点也非常重要，就是人类有了农业。在此之前，人类的生活跟动物的生活没有多大区别，像动物那样每天都要觅食，要延续自己的生命，然后生下一代。有了农业，人类才有可能定居，有了安定的生活，才能创造文明。等有了文字，文明就可以不断地积累和进步。我们把农业社会作为人类文明真正的开端。但是，农业社会延续了几千年，一直到 16 世纪，基本上还都是农业社会。农业社会有一个特点，就是年年重复前一年的生活和劳动，生产方式不变，生活方式也不变，它可以几十年、几百年生活不变、思想不变，所以它的知识的进步是非常有限的。用一个术语来说，这叫作"单纯的再生产"，其规模、内容基本年年不变。当然也不是绝对没有进步，但进步是微小的。

但是 16 世纪以后，西欧开始了近代化的步伐，人类文明进入了近代。近代社会和传统农业社会的最大不同在于它是一种"扩大再生产"。我们知道，资本主义的生产方式是扩大再生产，它的资本、生产规模可以年年不断地扩大，它的生产技术可以年年进步。这种扩大再生产也影响了生活方式，人的生产方式、生活方式改变了，所以人的思想文化也要随之改变。总的来说，这就是近代化。

如果说，科学必须要有一个条件，那就是思想自由。如果在思想上没有自由，学术是无法进步的。一个神权政治之下的学术是很难进步的。所以中世纪的西方，科学进步很小。怀特海 [1] 甚至以为 1600 年的学术水平还远不如公元 3 世纪的水平。近代科学的巨大进步，就是突破宗教教条的限制，不再根据宗教教条，而是根据

---

[1] 怀海特（A. N. Whitehead, 1861—1947），英国数学家、逻辑学家。——编者注

实验来检验真理。而容许思想自由，就要有一个民主的政体。所以近代民主革命中，"思想自由"被写在了《人权宣言》和《独立宣言》之中。

民主和科学一样，也有粗精之分、高低之分，形式可以有不同，但实质是一样的。比如英国的议会叫"Parliament"，美国的议会叫"Congress"；英国的议员叫"MP"——Member of Parliament，美国的叫"Congressman"，它们的形式不同，各国的语言不同，风俗习惯不同，但民主的实质没有不同。这就好像在西方几何学中一个三角形叫"abc"，在中国清代的教科书中三角形叫"甲乙丙"，但三角形就是三角形，没有实质的不同。

近代化在西方是从16世纪开始的，这一点，西方走在前面，中国要晚得多，中国的近代化到19世纪末才开始。据我所知，中国真正接触近代科学是从同文馆算术总教习李善兰介绍牛顿体系开始的。中国什么时候开始有近代意义上的民主？戊戌变法中倡议要设立议院，要通上下之情。当然这还是有局限的，变法也没有成功，但这是朝民主迈进的第一步。我们知道，在西方，直到第一次世界大战结束以后，妇女才有选举权，换句话说，妇女在此以前是没有人权的。而直到"二战"以后，才出现了女性的国家领导人。妇女占人类的一半，人类的一半都没有参政权，我们只能说在西方此时也不够民主。真正的近代化是很晚的事情。

近代化主要有两点。一个是科学，科学造成了工业革命，工业革命就是近代科学的应用。另一个是民主，民主制规定人人平等，人人享有一系列的民主权利——生存权、自由权和追求幸福的权利等等。当然提法也不一样，上面说的美国《独立宣言》和法国的《人权宣言》二者的提法就有所不同，研究历史的话，可以对照起来看。但无论如何，都是朝着以人为本的方向走。有了科学和民主，就有了近代化的社会，有了近代化的社会，就有近代化的不断扩大再生产，所以人类的生活方式和思想意识也不断改变。毕竟共性是第一位的，特殊性是第二位的，不能用特殊性来否定共性。

近代化的文明还有一个特点，就是如果一个国家或社会先有了什么东西，那么别的国家或社会也都会有。换句话说，近代化是一个全球性的潮流，是一个普遍的潮流。比如电灯电话，比如飞机大炮，你有别人也会有。甚至原子弹也是如此，这一点我比较悲观，禁止是禁止不了的，天才并不集中在哪几个国家里面。当然，别人要有也不能凭空就有，也要有他自己的努力，这个努力也要有个条件，也就是近代化的条件——科学和民主，如果没有科学和民主，就很难有近代化。

我的观点是，只要有一个国家、一个民族近代化，别的国家、民族也迟早要走这条路，这是一条普遍的、共同的道路。比如我们去颐和园，出清华西门，沿着马路向西走，就可以到了。一个姓张的是这么走，一个姓李的也是这么走，但他走的不是姓张的道路，而是自己的道路，所以所有人从清华去颐和园都这么走。当然你要愿意绕远也可以走别的道路，但正确的道路只有这一条。所以不能说我们走美国的道路、英国的道路或是苏联的道路，这里面不发生这个问题，科学和民主是一条共同的道路。只要一个国家走了，其他国家也要走，当然有的国家走得不顺利，走得慢一点，有的走得顺利，走得快一点，但总的方向共同的道路是不可避免的。当然每个民族也有每个民族的特色，但这是第二位的。民族的特色是客观存在的，个体之间也会有差异，这是自然的，但第一位的是大家的共性，大家都生活在现代社会里，都要过现代化的生活，特性附属于这共性。所以我们不能用强调特殊性来否定普遍性，普遍性是第一位的，特殊性是第二位的。近代化是一切民族的共同道路，尽管各民族带有各自不同的特色。

　　综上所述，中学西学的对立是不存在的；每个民族都有自己的特色，但这是第二位的，第一位的是普遍的。就我们现在来说，近代化是第一位的，民族特性是第二位的。所以我不同意中学西学的对立，不同意复古要把孔老夫子当年的衣服都穿起来，当然你要是演戏可以，但不必强迫大家都穿，毕竟普遍的价值是第一位的。

原载《社会科学战线》2009年第4期

中西文化交流与近代化

◇ "中学为体，西学为用"提出来的时候，一些传统体制已经维持不下去了，因此提出这个口号，主要的目的还是要积极维持中学，是要为中学巩固地盘。

◇ 五四运动就是中国的启蒙运动，就是要在大家思想上确立科学和民主是当代的主潮。凡是反科学、反民主的，都应该让路。

◇ 所谓中学它主张的是什么？就是主张不要动摇中国原来传统的社会政治制度。所谓西学是指什么？不光是指学习从西方传来的科学技术，而且还有西方近代化的社会、政治体制，这是中学与西学争论的实质。

◇ 真理作为人类普遍的知识，并没有专利权，哪个民族都没有专利权。虽然它因为某种原因，在某一个地方被某个人最先发现，但那是由历史的条件所制约的，并不能说这就是什么民族或什么人的专利。

◇ 不能一提自由市场就只是唯利是图，西方也不光是唯利是图，亚当·斯密其实也是在讲伦理道德的。又如近代古典哲学大师康德，他的第二批判《实践理性批判》，就是讲道德的。西方也不是不讲仁义道德的，当然也有不讲仁义道德的。中国几千年讲仁义道德，但看鲁迅写的《狂人日记》，什么仁义道德，背后都是血淋淋的"吃人"两个字。

◇ "学"就是"学"，是人类共同的财富。所以中学、西学之争，争的乃是背后现实的利益，而不是学术上的真理，学术上的真理不分中西，无所谓中学、西学。

◇ 如果向北走就可以走到北极，因此知道北极在哪里，但是真理在哪里，好像不是那么简单，不能说朝着真理走就可以找到真理，因为人们不知道真理在哪里，不能说目前的真理就是俟诸百世而不变的……无论是谁的理论也不见得就是铁案如山，但是也不意味着就没有价值，正如我们并不认为牛顿没有价值，牛顿还是人类最伟大的科学家，但是我们可以超过他。

◇ 我们可以把人类的文明史简单地分成两段，一段就是农业社会，是简单再生产阶段；第二个阶段就是近代化社会，是扩大再生产阶段。扩大再生产的直接结果就是使得人类的科学技术不断进步，而且与之相适应，人类的思想、意识也不断地进步，是日新月异地在进步的。近代化和传统社会的最大不同就在这一点上。

◇ 中国近代化的起步要比西方晚了三个世纪，因此人们就错误地认为我们近代化就要学西学，其实我们要走的实质上乃是近代化的道路，这是全世界共同的道路，不论哪个国家、哪个民族都要走近代化的道路。只不过这条共同道路上，西方比其余的世界（包括中国）先进了一步而已，这是大家共同的道路，不是"西方"的道路，不过是西方早走了一步而已，我们中国人也要走这一条道路，所有的国家都要走这一条道路，近代化道路是所有国家共同的道路。

◇ 由于历史条件不同，每个民族当然有各自过去历史上所形成的特色，但它共同的道路乃是普遍的，普遍性终究是第一位的。那这样还有没有中国的特色？中国当然有中国的特色，每一个国家、每一个民族都有它的特色，不光是国家、民族有特色，个人也会有特色，这个路程确实各不相同，但是这里只能有一个标准，而不能有双重或者多重标准。假如采用了双重和多重标准，实际上就是取消了任何标准。

"现代化"和"近代化"这两个名词是一样的，都是 modernization。中学，大家知道没有非常明确的界定，不过传统习惯上它包括中国几千年传统的文明，一直可以算到 19 世纪为止。19 世纪以后，中国开始正面地、大规模地跟西方的学术思想接触，这些学术思想当时就简称为西学。下面我讲的是自己个人的理解。

中学西学的历史背景

大家都知道中国有几千年的文明，是世界文明古国。这个文明古国几千年以来形成了它一套行之久远的而且深入人心的学术和思想体系。这个体系简单地说就是以孔子的儒学为中心的一套道德系统和意识形态，我们称之为中学。18 世纪的时候，英国依靠资本主义的发展，逐渐成为世界上第一个超级大国，那时候中国依旧闭关自守，自视为天朝上国。当时英国派了一个使臣到中国来见乾隆皇帝，要求通商。乾隆皇帝的答复是，我们中国是天朝上国，什么都有，允许你们来中国通商是天朝上国的恩赐。中国是天朝上国，别人都是落后的蛮夷，这种心态我想当时不仅是皇帝一个人有，大多数中国人可能都有。

1840 年中国在鸦片战争中战败，这对于中国是非常大的打击，这么一个天朝上国怎么被一个"蛮夷之邦"打败了？当时一些开明的知识分子在思想上开始反省，觉得西方坚船利炮比我们厉害，所以以后要对付洋人就要师（学习）洋人的长技，也就是吸收西方比较高明的技术跟他们打。这是中国思想走向近代化的第一步，人们不再认为中国原有的思想文化是高人一等的，中国还需要学习西方的技术。

当时少数比较敏感的知识分子提出了一个很新的观点，就是过去中国知识分子所学习的知识，都是三纲五常，这是中学，它的统治地位是不能动摇的，但是要辅之以西方的技术。在此以后，相继有一批人持这样的看法，他们是最早的"洋务派"，认为不学习西方的船坚炮利是不能立国的。所以后来就有了江南制造局、马尾造船厂以及同文馆这些机构。这以后，人们又认识到搞技术必须要有科学基础（具体地说就是学习数理化等知识），人们的认识又进了一步。19世纪60年代，有一个名叫李善兰的中国人，是北京同文馆的算术总教习，相当于今天的数学系主任，他第一个把牛顿的经典力学体系，也就是近代的科学体系介绍给中国，但已经比西方晚了两个世纪。这反映了当时中国已不仅学习西方的技术，而且还要学习西方的科学。

这个时候就出现了中学与西学之争，究竟应该学习中学还是应该学习西学，或者两个都学。主张学中学和主张学西学的两个阵营互相辩论也好，竞赛也好，都是跟当时的政治和社会背景紧密联系在一起的。自从鸦片战争以后，中国又接连打了败仗，中国越是打败仗就越要强调学习西学。半个世纪以后到1894年甲午战争的时候，中国被日本打败了，这对于中国来说是一个极大的刺激，因为日本过去被中国看作自己的一个藩属国。

当时中国的知识界认为日本经过了明治维新，在制度、文化各方面都学习了西方，即所谓"脱亚入欧"，所以把中国打败了。因此4年以后，也就是1898年中国出现了戊戌变法。戊戌变法比"中学为体，西学为用"进了一步，变法者主张中国不能只学西方的科学和技术，因为科学技术是整个社会的一部分，不能脱离整个社会制度而独立，一定要有一个与之配套的社会制度。所以当年康有为领导的戊戌变法，其中一个很重要的诉求就是我们也要有议会，"通上下之情"。后来戊戌变法虽然失败了，但是它的影响还是很大的。

戊戌变法失败以后，中学和西学之争并没有停止。争到几乎当时所有的中国知识界或思想界、学术界都参与了这场大论战。后来清朝的湖广总督张之洞写了一本书，提出了"中学为体，西学为用"的口号，就是我们中学也要，西学也要，但是以中学为主体，同时借鉴西学作为应用手段、应用技术。"中学为体，西学为用"这个口号很流行。有一点需要说明一下，我们用一个词语的时候一定要考虑到它的语境，它是在什么情况下提出来的。"中学为体，西学为用"提出来的时候，一些传统体制已经维持不下去了，因此提出这个口号，主要的目的还是要积极维持中学，是要为中学巩固地盘。我们不能看一个词语的表面意义，还要看到它的内涵，它背后实际的意义是什么。它实际的意义是维持中学正统的地位，就是三纲五常，对于皇帝效忠是天经地义，绝对不能动摇的；儿子对老子的孝，是绝对不能动摇的，这是传统的"封建道德"，也就是封建的体制，这个体制本身是不能触动的，但在这个基础上也要学一点西方的学术，作为应用。

辛亥革命推翻了封建制度，成立了民国政府，这表明中国当时的主导思想不仅是在科学技术的层面上，而且也在政治体制和社会的层面上开始近代化了。近代化不再仅仅局限于科学技术的层面，而且上升到政治、社会的层面上来。不过中国近代化的思想过程并不是一帆风顺的。袁世凯当了大总统还不满足，要做皇帝，他没有当几天皇帝就被推翻了，这表示中国人民不再接受传统的帝王专制的制度。再过了几年发生了五四运动，五四运动可以说是一场启蒙运动。众所周知，西方近代化也是经过一场启蒙运动，18世纪法国大革命也经历了一场思想启蒙运动，启蒙运动最核心的思想也就是要求自由和民主。

有两篇重要的历史文献，一是美国的《独立宣言》，美国原来是英国的殖民地，1776年美国爆发了革命，把英国打败了，建立了一个近代化的国家，就是美利坚合众国；另外一个是18世纪末的法国革命，把专制王朝推翻了，建立了法兰西第一共和国。当时也有一个重要的历史文献，就是法国的《人权宣言》。《独立宣言》和《人权宣言》里面的核心思想就是自由和民主，这个运动我们叫作启蒙运动。五四运动就是中国的启蒙运动，就是要在大家思想上确立科学和民主是当代的主潮。凡是反科学、反民主的，都应该让路。

五四运动可以看作新学和旧学斗争的高潮，而且新学方面取得了胜利。可是这个胜利并不彻底，因为旧学并没有退出历史舞台，一直到20世纪30年代的时候还没有退出历史舞台。这时候马克思主义开始传播到中国，当时反马克思主义有一条最振振有词的论据就是说马克思主义不适合中国国情，提出国情特殊论来。当时马克思主义者是怎么反驳的？他们说马克思主义是真理，真理是放之四海而皆准的，不论是中国还是外国，不论是哪个国家，真理总是大家普遍接受的，例如不能说一国的数学 $2+2=4$，另一国的数学就是 $2+2=5$。那时中国实际上还是军阀统治的时代，统治各个地方的军阀理所当然要维护旧学，说穿了就是维护他自己的统治权，你们犯上作乱是不能容许的，要求自由民主就是犯上作乱，这是不能容许的。

当时国内也有各种不同的思潮，一种思潮是继承五四运动提出的科学民主的思想，还有一种思潮就是马克思主义，当然其他一些如无政府主义也流行了一阵。还有一些保守派或顽固派，比如北京的宋哲元，他是西北军的，提倡尊孔读经，用这个东西来对抗近代化的思潮，不许人们犯上作乱。新思潮会破坏中国传统，所以他要反对。还有广东的陈济棠，他号称"南天王"，山东韩复榘、南京戴传贤都是尊孔读经，所以当时全国有一股尊孔读经热，实质上都是反对近代的启蒙思想的。20世纪30年代在上海有10个教授发表了一篇宣言叫作《中国本位的文化建设宣言》，宣扬中国以后的文化建设要以中国为本位。以中国为本位是什么意思？就是抵抗从西方传来的近代化的思潮，包括启蒙运动思潮，包括马克思主义思想。如果这些思想流行了，当时统治者的专制就会受到很大的冲击，所以一定要反对这些东西，一直到解放战争的时候都是这样。这是中国的近代化的中学、西学之争背后的政治动机。一直延续到20世纪40年代，也就是解放战争前叶，有人赞成全盘西化，也有人赞成保存国粹，不过我们看文字的时候，要考虑文字的语境，一句话都是这样说，但是它所针对的对象不同、语境不同，所以它的内涵也不同。

所谓中学它主张的是什么？就是主张不要动摇中国原来传统的社会政治制度。所谓西学是指什么？不光是指学习从西方传来的科学技术，而且还有西方近代化的社会、政治体制，这是中学与西学争论的实质。

所谓中学西学之争

新中国成立后有一个时期中学、西学之争好像比较少，我以为这个问题应该已成为过去，无所谓中学、西学之争。中学不代表真理，西学也不代表真理，中学有正确和谬误，西学也有正确和谬误，所以这个问题应该不成其为问题。但是出乎意料的是，到20世纪80年代，中学、西学之争又冒了出来，我不知道当时争论背后的具体问题是什么，它的语境是什么，内涵是什么。按我个人的理解，学问作为知识来说，无所谓中西之分，而只有正确与谬误之分，有高低之分、精粗之分、先后之分。

例如毕达哥拉斯定理，中国古代的数学家也发现了，我们不能说这个定理是中学，不是西学，或者反之，是西学而不是中学。再扩大一点，比如说几何学。我们在学校里学的都是欧几里得几何，欧几里得是古希腊的数学家。中国古代没有几何学，是明朝末年天主教传教士把欧几里得几何学传到中国来的。但是并没有理由说几何学就是"希腊学"，尽管欧几里得是希腊人，而且严格地说几何学起源也不是希腊，而是埃及。你也不能说几何学是"埃及学"，它是全世界人类共同的财富，虽然在某个历史点上它最早出现在埃及或希腊。

像这样的例子太多了。比如中国古书《周礼》就有记载，一个轮子周长和它的直径比例是3：1，在西方也有这个说法，我们不能因为中国最早有这个说法就说它是中学，也没有理由说这一发现最早是在西方出现，人们就把它叫西学。只要你会做车轮，经过长期制作的经验就会得到这样一个知识，就是车轮的周长和直径的比例大约是3：1的关系，这个数据可以不断写下去，这无所谓中学还是西学。这个规律总会最早被某个人发现，可是不能说他就有独占权、垄断权或者专利权。真理作为人类普遍的知识，并没有专利权，哪个民族都没有专利权。虽然它因为某种原因，在某一个地方被某个人最先发现，但那是由历史的条件所制约的，并不能说这就是什么民族或什么人的专利。我们知道近代最伟大的科学发现就是牛顿的体系，这是直到今天我们仍然在用的体系，虽然它有一定的范围，可是我们基本上还在一定的范围用牛顿的原理。牛顿是17世纪末英国人，但是我们不能说经典物理学就是"英学"。牛顿体系最大的成就不是在英国，而是在18世纪的法国，法国出来一批优秀的物理学家，他们是分析学派，把牛顿的体系发扬光大了。而且法国还有百科全书派，他们对于启蒙运动、对于法国革命有非常大的贡献。科学必然也会影响到政治，所以这一点并不稀奇。我们没有理由说牛顿体系是"英学"，也没有理由说经典物理学是"法学"。我们知道全世界物理学家都做出了贡献，包括中国的物理学家也做出了贡献。

科学追求真理，真理是普遍的，它不局限于某一个民族。不仅自然科学如此，社会科学、人文科学亦然。马克思是德国人，但是我们不能说马克思主义是"德学"。人们今天学习马克思主义，也不能说人们学的是"德学"。马克思晚年是在英国度过的，他的著作是在英国写出来的，同样我们也不能说马克思理论就是"英学"，那仅仅是由于某种历史条件，使得这种学问最初出现在这里，并不是说这是你的专利，别人就学不了，或者是学也学不好。

很多年前我听一个前辈数学家讲到，代数学里的三次方程是中国的贡献，他说元代中国人对三次方程就有非常了不起的理解，那时候西方还没有。当时黄河泛滥，泛滥的时候就要筑堤防洪，筑堤一个土方就要有长、宽、高3个维，这就发展了三次方程。但我们不能说这就是"中学"，因为这个知识西方也可以有。意大利两位代数学家发现了三次方程、四次方程的通解，我们也不能说这个通解就是"意学"。所以科学应该是人类普遍共同的财富，不是某一个民族、某一个国家的专利。

所谓的"仁义道德"就只有中国传统文化中才有吗？1776年亚当·斯密的《国富论》，被看作自由主义的圣经，是主张自由市场的，亚当·斯密的自由经济学说为了方便起见我们叫作曼彻斯特学派，但这并不是曼彻斯特的特权，也不是英国的特权。一直到今天亚当·斯密自由市场的理论还在很多的地方、很多的学校被学习，你要研究自由市场就要学习亚当·斯密。亚当·斯密的经济学出发点是假设人的自私，每个人都追求自己最大的利润，这构成一个市场，有一只看不见的手，这只手在操纵市场。其实亚当·斯密并不是一个专门宣传自私自利的人，他的自由市场是假定你在自由市场里面，那么经济的规律就是这样的。而亚当·斯密本人是一个伦理学的教授，他在曼彻斯特大学教伦理学，讲道德学，《道德情操论》就是他当年的讲稿，现在也有中译本了。所以不能一提自由市场就只是唯利是图，西方也不光是唯利是图，亚当·斯密其实也是在讲伦理道德的。又如近代古典哲学大师康德，他的第二批判《实践理性批判》，就是讲道德的。西方也不是不讲仁义道德的，当然也有不讲仁义道德的。中国几千年讲仁义道德，但看鲁迅写的《狂人日记》，什么仁义道德，背后都是血淋淋的"吃人"两个字。

"学"就是"学"，是人类共同的财富，所以中学、西学之争，争的乃是背后现实的利益，而不是学术上的真理，学术上的真理不分中西，无所谓中学、西学。关于这一点，也许我的想法不太合时宜，也许有很多人不接受这一点，但我的看法是：学作为学问或学术来说，无所谓中西，只是有先后，有精粗，有高下之别。比如说康德讲的道德和孟子讲的道德相互可通，孟子讲义，康德也讲义，可是康德讲的义比孟子更深刻。原因很简单，康德是 18 世纪的人，那个时代后于孟子的时代，所以应该比孟子写得更深刻一点。所以我们说学有精粗之分，也有高下之分。比如说牛顿的体系，我们说那还是古典体系，现在的物理学体系比牛顿的又高出一个层次，现代的许多原理是牛顿预料不到的，牛顿的都是决定论。大家一开始学的都是初等的，然后可以学高等的，再进一步还可以有更高的，所以学问有高低之分，有精粗之分，有正确与错误之分。古代西方认为全世界的东西，都是由四种元素构成的——土、水、火、气，中国学说则是五行——物质世界都是由金、木、水、火、土五种元素构成的。有的中医理论就是用这种理论来解释的。学问有高下之分，精粗之分，正确与错误之分，但是谁先进就学谁的。任何学问或知识都不是某一个民族先天所独有或后天独占的。不论是人文科学、社会科学或者是自然科学，都不归某一个民族垄断，某一个国家垄断。在这方面人们的任务就是要善于学习先进的东西，可是在这一点，由于当年统治者的愚昧，所以中国大大晚了一步。

19世纪90年代，中国有一个杰出的思想家谭嗣同，参加戊戌变法，后来在北京菜市口被砍了头。他写了《仁学》，把"仁"作为世界的本质。他说仁统天地，仁统宇宙，仁就是世界的本体。我们知道，19世纪以前，科学家们都认为宇宙有一种东西叫以太，它是弥漫在全宇宙无所不在的，它是普遍的介质。谭嗣同就把这个观点拿来，说仁就是以太，是弥漫在世界上无所不在的。19世纪80年代，就有两位科学家反复做了实验，证明世界上并不存在所谓的以太，以太是一个假观念，是一个伪观念。像这些观念，历史上是屡见不鲜的。"仁"是中国固有的，"以太"是从西方搬来的，那么，谭嗣同的《仁学》是中学还是西学？在17世纪以前，西方还有一个信条，叫作"自然厌恶真空"，即大自然是惧怕真空的，所以大自然没有真空，但是后来科学家们进行了实验，证明真空是存在的，就把过去错误的信条给打破了。过去无论是在中国还是西方都有一个观点认为日月星辰都是围绕大地旋转的，这也符合我们眼睛看到的事实，因为我们日常看到日月星辰围绕大地转，大地似乎是不动的。但是经过哥白尼的革命之后，大家接受的则是大地也是动的，大地是一个行星，是围绕着太阳转的。人们的传统观念随着对事物认识的变化是可以变的，所以不能说古代的人对于宇宙的看法就是不科学的，因为它符合当时的生活经验。科学知识是不断进步的，所谓学并没有中西之分，也没有谁战胜谁的问题，科学本身可以有正确和错误、精和粗、高和下的分别，高的可以囊括下的，比较精细的要代替相对粗糙的，真正的科学的东西要代替伪科学。可是真正的科学也在不停地变，因为科学技术是在不断进步的，新的科学技术不断替代旧的，我们对于科学应该是动态的观念，而不是静态的观念。如果向北走就可以走到北极，因此知道北极在哪里，但是真理在哪里，好像不是那么简单，不能说朝着真理走就可以找到真理，因为人们不知道真理在哪里，不能说目前的真理就是俟诸百世而不变的。我们知道牛顿体系曾经也被认为是不可动摇的，前面提到的那位同文馆的教习李善兰在介绍牛顿体系的时候，就说牛顿的体系是铁案如山。而现在看来牛顿的体系不见得就是铁案如山。现在无论是谁的理论也不见得就是铁案如山，但是也不意味着就没有价值，正如我们并不认为牛顿没有价值，牛顿还是人类最伟大的科学家，但是我们可以超过他。

至于今天中学和西学所争的实质问题是什么，我不太清楚，所以我不敢下一个结论。不过如果作为纯学术来说，我觉得并不发生中学和西学的问题。老一辈的人为了方便起见可以这么说，其实中学有中学的所指，比如说君为臣纲，父为子纲，绝对不能违抗，当时是有其具体的内涵的。我们今天的具体内涵是什么，这一点我不太知道，所以我只能从理论上说我不同意中学和西学的分界，说哪个是中学，哪个是西学。因为某些学在某些历史条件之下可以在这个国家最先发生，这并不应该成为有中学、西学之分的理由。

近代化历程

人的意识和具体的物质生活条件是紧密结合的。在人类没有文明以前，叫作史前史。史前史的人类生活是完全跟着自然规律的需要走的，完全服从于自然。当然今天也服从自然规律，不过我们可以使自然规律为我所用，为人们服务。但是古代的游牧生活是不安定的，人的生活和动物的生活差不多，是完全依靠自然的，人吃的东西、住的地方都是自然的。比如，一个人钻到山洞里去住，或者是把动物的皮剥下来披在自己的身上，这完全是靠自然的恩赐。这种情况下没有我们所说的文明。文明是指什么？是人类有了创造，可以改造自然，这一点是最重要的。人类从自然状态进入文明状态，其中最主要的关键就是农业。有了农业人类才能定居，有了农业人类生活才有保障。只有当人类的生活有了比较安定的保障以后，人类才可以创造文明。于是人类创造了文字，文字是人类文明最重要的标志。

我们知道，所有的物种，包括狗和马这些非常聪明的物种，它们的生活都是简单地重复上一代的，没有进步。我们今天的马比一千年前、两千年前的马没有进步，可是今天的人的生活与一千年前、两千年前的人的生活比却有很大的不同，一千年前、两千年前的人绝对不可能有现在的条件。为什么？因为人类创造了文明。有一个说法大家一定都很熟悉：别人赞美牛顿，牛顿就说我不过是站在了巨人的肩膀上面。因为牛顿以前就有了从哥白尼到伽利略这些伟大的科学家，都给他准备好了道路，他不过是在别人的肩膀上又进了一步，提出了牛顿体系，所以他是站在巨人的肩膀上。今天的飞机已经可以超音速，可是"二战"以前还没有超音速的飞机，在"二战"以前的仅仅 40 年，才发明了飞机。为什么今天的飞机这么先进，两个多小时已经可以横渡大西洋了，也是因为我们站在前人的肩膀上。以后的飞机一定会比现在的还先进。

农业社会有一个缺点，就是进步非常缓慢。因为农业社会的生产基本是重复前一年的方式，虽然农业的生产也有进步，但是进步很慢，牛步迟迟，几十年、几百年都不见得有什么重大的进步，生产方式没有改变，所以人们的生活方式也就随之没有改变。中国历史上的太平盛世，比如说汉代的"文景之治"，唐代的"贞观之治"，一直到现在在媒体上炒得很热的"康乾盛世"，可以想象，那时的生活基本上是年年重复，除非是碰上天下大乱，否则不会有什么改变。可是到了近代就不一样了，近代是一个科学的社会，是一个工业化的社会，我们的生活日新月异。比如说前些年电视机还不普及，至少在中国还不普及，现在电视机已经普及了，不单是电视机，还有照相机、电脑这些东西都普及了。仅仅是20年前，电脑还只有少数人能用，现在几乎人人都在用。这一点给近代社会一个非常有利的条件，就是它可以站在前人的肩膀上进步。

农业社会的特点在于它的生产是单纯的再生产，年年都在重复前一年的东西，生活方式和生产方式不改变，乃是因为科学技术进步的速度缓慢。可是到了近代，生产方式改变了，科学被广泛地应用，形成了工业化的社会。较之传统农业社会的单纯再生产，工业化社会的特点是扩大再生产。我们一个工厂年年可以改进，它的生产设备改进了，它的生产流程改进了，它的生产技术也改进了，所以它的生产规模每年都是在原有的规模上再扩大、再提高。所以它是扩大再生产，而不是单纯的再生产。农业社会的生产乃是简单再生产，工业社会的生产则是扩大再生产。扩大再生产的技术就会影响到人类的思想，科学是一个最根本的条件。科学，乃至学术思想是在不断地进步。十年八年就有极大的进步，一两百年就是翻天覆地的进步，这种进步是古代人意想不到的进步。所以我们可以把人类的文明史简单地分成两段，第一阶段就是农业社会，是简单再生产阶段；第二个阶段就是近代化社会，是扩大再生产阶段。扩大再生产的直接结果就是使得人类的科学技术不断进步，而且与之相适应，人类的思想、意识也不断地进步，是日新月异地在进步的。近代化和传统社会的最大不同就在这一点上。

近代化大概是从 16 世纪开始的，16 世纪人类的科学开始进步，到了 17 世纪牛顿的体系完成了第一步，人类科学发展史的第一个阶段就是由牛顿的体系来完成的。从此以后，科学不断地进步，人类的思想意识也随之不断地进步，人类的学术也在不断地进步，这个进步是古代所不能想象的。比如说古代的学术，像孔孟之道，讲仁义道德，一直到100年前的"中学"都是讲这个东西。可是到了现代，人们虽然也还可以讲孔孟的仁义之道，但是要放在现代的知识背景下来讲，而不是放在古代的知识背景下来讲，这就有了本质的不同。就好像人们研究古代史，可以把古代史复活，但是是在现代的基础上复活古代，而不是简单地复活古代，这一点是非常显著的不同。

近代化的历程在西方是从17世纪以后，且是在加速度发展，我们现在一年的发展也许相当于从前一百年的发展。中国的近代化是从什么时候开始的？我想可以说是从19世纪末算起。那时中国开始接触到了近代科学。现在有一种观点认为中国学习西方的科学技术是从明末清初西方传教士来中国的那个时候开始的，我不同意这个见解。我认为明末清初传教士对于中国的思想进步的贡献是负面的，近代化的最核心的东西之一（虽然不是唯一的）是近代科学和近代思想，恰好在这一点是中国人自己在19世纪后半叶才开始睁开眼睛看世界的。所以中国近代化的起步要比西方晚了三个世纪，因此人们就错误地认为我们近代化就要学西学，其实我们要走的实质上乃是近代化的道路，这是全世界共同的道路，不论哪个国家、哪个民族都要走近代化的道路。只不过这条共同道路上，西方比其余的世界（包括中国）先进了一步而已，这是大家共同的道路，不是"西方"的道路，不过是西方早走了一步而已，我们中国人也要走这一条道路，所有的国家都要走这一条道路，近代化道路是所有国家共同的道路。

由于历史条件不同，每个民族当然有各自过去历史上所形成的特色，但它共同的道路乃是普遍的，普遍性终究是第一位的。那这样还有没有中国的特色？中国当然有中国的特色，每一个国家、每一个民族都有它的特色，不光是国家、民族有特色，个人也会有特色，这个路程确实各不相同，但是这里只能有一个标准，而不能有双重或者多重标准。假如采用了双重和多重标准，实际上就是取消了任何标准。

原载《光明日报》2008年4月10日第10版光明讲坛

冲击和反响

——对近代中西文化交流的反思 *

◇ 任何外来的文化都有一个要与本土的条件相适合的问题。本土文化是按照自己的需要和要求在吸取和消化外来文化的。当时（清末）中国所面临的当务之急是，怎样抗拒外侮、救亡图存，以免亡国灭种；因此，当时传入的西方思想之中，最能打动中国思想界的心弦的，不是别的，而是天演论。天演论给了中国以一种前所未有的崭新的世界观：原来人是从猴子变来的，一切神圣的典章制度原来都不是什么圣人的制作，而是历史长期演化的结果。中国文化必须迎上世界的潮流，与时俱进；倘若仍然株守着她古来的传统一成不变，就要被历史所淘汰。

◇ 当时（清末）中国民主革命派却在卢梭的社会契约论里面找到了他们的福音。卢梭主权在民的理论提供了推翻腐朽的清政府的最好的思想武器。进化论和社会契约论就

---

* 本文为1988年11月在美国洛杉矶召开的第17届科学统一性国际会议上的发言稿。

这样成了在当时中国建立一个近代国家的理论基础。

◇ 正如不同的食品对于一个健康身体的成长是必要的，多样化的思想对于哺育和丰富一个民族的精神生活也是必要的和有益的。正如一种营养不必一定要排斥其他的营养，一种思想和文化最好也能宽容其他的思想和文化，而不是消灭它们。

◇ 思想的生命力就在于合乎真理……不民主的精神是不利于人们探索真理的，专政只能是一个政治上的概念，思想领域上的专制主义在理论上是说不通的，在实践上则贻害无穷。

◇（清末）在西方的压迫之下，中国思想文化也变得畸形发展。为了抵抗外侮，它往往是以一种抗拒的而不是一种同情的态度来对待外来文化。义和团的排外心态长期潜伏在相当一部分中国人的心中。某些中国人却跳到另一个极端，他们主张全盘西化。两者貌似截然相反，其基本出发点却是相同的，即都持绝对化的态度，认为两种不同的思想中，一个的生存就必须以另一个的消灭为前提。思想上的猜疑和敌视——那本来是不必要的——是造成不安和动荡的根源，是造成灾难的因素。它会挫伤人们的精神，使人们付出不必要的惨痛的代价。使代价降到最低程度，这是政治的智慧和思想的智慧的关键所在。

◇ 回顾人类过去的历史有着太多的敌对和对抗、专制和屈服。现在应当看到专制主义逐渐过时而正在成为历史的陈迹。把任何一种思想强加于人的情况，正在迅速地消失。

每一个民族、每一个个人，无论其水平高低或贡献大小，都应该享有其独立的尊严和价值。

近代中国是多灾多难的。这是由于她饱受外来的侵略，同时又受到本国内部特权阶级利用特定的条件的昏庸统治。这些内外条件的交织，就为中国近代的历史规划出了一条特别曲折的过程，使她未能沿着一条比较平稳和平衡的道路顺利地发展下去。这不但对她自己是不利的，而且对全世界也是不利的。

众所周知，中国是一个古老的国家，曾创造了辉煌灿烂的古代文化，由此而产生了光荣和骄傲。在她没有遇到与她相匹敌的对手之前，这也给她养成了一种盲目自大的优越感，以为其他一切民族及其文化都是低劣的。18世纪英国使臣第一次来觐见中国皇帝时，为了跪拜的礼仪问题而引起一场风波。应该说，那不单是中国皇帝的心态，而且也是许多中国士大夫的心态。不肯在平等的基础上对待别人，就必然要为此而付出惨痛的代价。自从文艺复兴以后，中国便开始丧失了她在世界中世纪史上的领先地位。但是思想上的惰性却使她仍然死抱着自高自大的心态不放。这就在她近代化的道路上设置了难以逾越的障碍。到了19世纪，西方的炮舰在鸦片战争中强行打开了中国的大门，天朝上国的优越性的神话破产了。这时候，清政府仍然认为自己的体制和思想文化是高于其他民族的，他们仅仅承认失败是由外来者的船坚炮利所致，只要能学到西夷的技术，就仍然可以保持住自己优越于夷人的地位。当时大多数中国知识分子对世界的认识也只停留在学习西方的船坚炮利这一点上。他们很少考虑到自己的体制、文化和意识形态应该怎样改造，赶上时代，相反却认为这些理所当然地是最优越的。此后的半个世纪，中国不但一再被西方列强所击败，而且在甲午战争中被曾看作一个藩属的蕞尔小国——日本所击败。这次失败唤起了中国思想界的一次大觉醒。他们开始认识到这并不单纯只是一个技术问题，它必然要和社会、政治、思想和文化各种条件相联系、相制约。因此就涉及许多深刻得多、复杂得多的问题。

问题不只是出在中国，而且也出在西方。早在19世纪末叶，西方传教士就络绎来到中国。但是当时，他们究竟给中国带来了什么呢？最重要的是两项：一是中世纪的神学体系及其世界观，一是托勒密的世界构图。两者都是属于以往历史时代——中世纪的东西，并没有对中国的思想文化起到很大的影响。当时西方已开始步入近代。中国所面临的历史任务也正是怎样才能从中世纪转入到近代。假如当时西方所介绍给中国的不是中世纪的文化，而是由笛卡尔和培根所开创的近代思想和由哥白尼、伽利略所开创的近代科学——这个假设在历史上并非是不可能的事——那么中国近代思想文化的面貌和历程或许会有很大的不同。不幸的是，当时西方列强带给中国的除了炮舰的威胁而外，很少有什么真正先进的东西。驱使他们到中国来的动机，首先是追求政治和经济的特权，而不是善意和友好的思想文化交流。这就是中国向西方寻求真理的这一任务，何以终于只能是落在了中国先进知识分子身上。可是直到19世纪末，中国的先进知识分子才真正对西方文化有了正面的接触。他们之中，数严复和梁启超为当时对西学最了解的中国人。

当时中国对西方思想文化的冲击做出了怎样的反应？严、梁一辈人已经深感此前中国对西学的认识是停留在技术的层次上，即所谓只是"形下之粗迹"。他们开始意识到要把西学提高到理论和制度的高度上面来考虑。梁启超向中国读者介绍了霍布斯、卢梭、康德和边沁；严复翻译了孟德斯鸠、亚当·斯密、穆勒和赫胥黎的著作。然而，任何外来的文化都有一个要与本土的条件相适合的问题。本土文化是按照自己的需要和要求在吸取和消化外来文化的。当时中国所面临的当务之急是，怎样抗拒外侮、救亡图存，以免亡国灭种；因此，当时传入的西方思想之中，最能打动中国思想界的心弦的，不是别的，而是天演论。天演论给了中国以一种前所未有的崭新的世界观：原来人是从猴子变来的，一切神圣的典章制度原来都不是什么圣人的制作，而是历史长期演化的结果。中国文化必须迎上世界的潮流，与时俱进；倘若仍然株守着她古来的传统一成不变，就要被历史所淘汰。这种思想恰好符合了当时中国现实之所需。然而，赫胥黎所谈的进化论的伦理含义，到了中国却转化为发愤图强的理论根据。而亚当·斯密的个人主义、孟德斯鸠的三权分立、穆勒的归纳法乃至康德的先验哲学，没有产生像天演论那种警钟式的巨响。当时中国民主革命派却在卢梭的社会契约论里面找到了他们的福音。卢梭主权在民的理论提供了推翻腐朽的清政府的最好的思想武器。进化论和社会契约论就这样成了在当时中国建立一个近代国家的理论基础。

1911年后，在名义上中国建立了一个民主共和国。但是这个共和国的领袖和精英们都没有能体会到这一点：旧的传统是不可能彻底砸烂的，新思想也是无法对旧思想进行专政的。他们总是设想着一夜之间就可以除旧布新。为此他们付出了正反两次代价：一次是在"五四"时期，一次是在"文革"时期。两者性质根本不同，但都简单地希望能和过去的传统做最彻底的决裂，都在企图割断历史这一点上跌了跤。五四运动打出了德先生和赛先生两面旗帜。无疑地，德先生和赛先生是近代文明的主潮。但问题在于对中国的传统文化（包括其中一切的好的和坏的）应该怎样加以安排和处理。"五四"的一些人过分简单地要把它们全盘抛弃。事实则恰好相反，它们并没有被根绝而是顽固地盘踞着和纠缠着中国的思想意识。五四运动是一场伟大的启蒙运动。但是和18世纪法国启蒙运动不同的是，继"启蒙"而后并没有出现一场人权革命。

在近代史上，中国的思想文化经历了几度起伏：最初坚持古老传统的独尊遭到失败。接着从西方引进了进化论和社会契约论，继而是呼唤科学和民主，想以此取代旧传统而建立一个现代化的社会。但是这些尝试又由于未能真正结合并改进自己固有的传统而失败了。经过了闭关、开放、再闭关，今天的中国又再一次向外开放。于是西方思潮就再度涌入中国。尼采、韦伯、弗洛伊德，存在主义、结构主义、西方马克思主义等，目前都在中国流行。正如不同的食品对于一个健康身体的成长是必要的，多样化的思想对于哺育和丰富一个民族的精神生活也是必要的和有益的。正如一种营养不必一定要排斥其他的营养，一种思想和文化最好也能宽容其他的思想和文化，而不是消灭它们。

中国几千年来的专制主义，养成了思想上定于一尊的传统。从而导致近代的中国屡次由于她在思想上的不容忍和僵硬化而妨碍了自己去吸收一切可能的营养并使自己获得茁壮的成长，甚至于把凡是不同于自己的意见，都看成不共戴天的敌人，一定要置之死地而后快。这就造成了一种可悲的后果，它不但妨碍了思想文化的进步，而且也激发了人与人之间完全不必要的、灾难性的矛盾和斗争。思想的生命力就在于合乎真理。从更深一层的意义上来说，科学和民主是相辅相成的。不民主的精神是不利于人们探索真理的，专政只能是一个政治上的概念，思想领域上的专制主义在理论上是说不通的，在实践上则贻害无穷。

如果说，中国为了她自己的不智而付出了沉重的历史代价；那么在这方面，西方对中国所采取的态度也同样地应该加以指责。长期以来，他们在政治上、经济上竞相在中国攫取特权，而在思想文化上却很少做出什么与之相称的贡献来。这只能说是一种自私的短视。现在我们大多数人都已认识到，一个国家的经济繁荣在很大程度上有赖于自己邻国的经济的繁荣而不是他们的衰退。世界各国经济的衰荣，已经紧密地联系在一起了；同样的情形也适用于世界各民族的思想和文化。

可是西方列强（还有日本），却出于他们的短视和自私，长期以来从没有正视过这个问题，他们从没有做出过多少认真的努力来促进中西文化的交流。

直到本世纪（20世纪）20年代，才有罗素和杜威来华，他们的讲演使中国公众第一次正式接触到了现代的西方思想；过去西方列强把太多的力量花在了侵略性的政治和军事活动方面，而把太少的力量放在建设性的文化交流上。这对于中国固然是一大不利，对西方来说，同样也不利。这等于剥夺了西方可以吸收中国的智慧来促进自己繁荣的益处。

（清末）在西方的压迫之下，中国思想文化也变得畸形发展。为了抵抗外侮，它往往是以一种抗拒的而不是一种同情的态度来对待外来文化。义和团的排外心态长期潜伏在相当一部分中国人的心中。某些中国人却跳到另一个极端，他们主张全盘西化。两者貌似截然相反，其基本出发点却是相同的，即都持绝对化的态度，认为两种不同的思想中，一个的生存就必须以另一个的消灭为前提。思想上的猜疑和敌视——那本来是不必要的——是造成不安和动荡的根源，是造成灾难的因素。它会挫伤人们的精神，使人们付出不必要的惨痛的代价。使代价降到最低程度，这是政治的智慧和思想的智慧的关键所在。18世纪伟大的启蒙思想家的教诫——对于不宽容者，应该给以绞刑——在今天还是值得人们重温的。

假如在中西文化的交流之中，双方都能够有更多的谦虚和善意，更少一点敌意和猜疑；那结果本来会对双方都更加有益得多。放眼当代世界，情况并非是完全令人沮丧的，我们毕竟可以看到某些希望的曙光。世界上大多数的国家，终究是比上一个世代或者上一个世纪有了很大的进步。人类的大多数已开始自觉地认识到人们应该以合作来代替敌对。中国的变化尤为显著的是：开放代替了闭关。物质文明和精神文明的建设代替了以往对暴力专政万能的迷信。这个趋势是不可逆转的。西方也同样如此，半个世纪之前，欧洲的各个文明国家，相互之间还进行着无休止的生死搏斗，并对海外的其他民族大肆侵略、掠夺和压迫。但是过去的几十年间，出现了新的前景：你死我活的斗争状态，已被共同合作的关系所代替。已经建立起一个合作得很不错的共同体，敌对关系已经几乎完全让位给了友好合作和共存，那意义之重大将远甚于17世纪各个不同教派之间以宽容取代对抗。

当然，一个美好的和平与繁荣的世界，并不能一蹴而就。目前也还不会出现一个全世界统一的共同体。但是难道不能设想若干历史文化背景相似、发展水平大致相同的民族，就不能也形成像西欧那样的共同体吗？例如，某些阿拉伯国家的伊斯兰共同体，或者某些拉美国家的拉美共同体。两个世纪之前，哲学家康德提出了他的永久和平论，宣扬人类的和平终究需要一个世界政府。20年以前，哲学家罗素也曾反复强调过同样的意见。一个基于自由联合的人类共同体，当时对于许多人似乎只不过是一种不切实际的空想。但是今天看来只要人们有此智慧，也许并不是不可能的。就中国来说，在经历了那么多的挫折之后，她正在变得更为宽容，无论对自己人民的思想，还是对外来的思想。在开放和宽容的立足点上，我们可以期待她会变得更加博大，更能容纳多样性。那将是一个更壮大、更健康，也更是属于她自己的，同时对世界也更有贡献的新文化。当然这需要一个漫长的时期。

回顾人类过去的历史有着太多的敌对和对抗、专制和屈服。现在应当看到专制主义逐渐过时而正在成为历史的陈迹。把任何一种思想强加于人的情况，正在迅速地消失。每一个民族、每一个个人，无论其水平高低或贡献大小，都应该享有其独立的尊严和价值。目前世界上大多数的民族和人民都表现出真诚的善意与和解，这对于和平、对于文化的繁荣和进步，都不失为一道曙光。既然不同的政治制度可以和平共处，不同的思想体系和价值观念就更没有理由是一种你死我活的敌对关系。早在一个世纪之前，法国的诗人、哲学家居友（Jean Guyau，1854—1888）就提过，真理是多样性的。他说："我们不必害怕各种意见的不同，而是相反地应该鼓励它；人道的整体就是需要有千百万只眼睛和千百万只耳朵。"近代中国的伟大启蒙者蔡元培也提出过兼容并蓄的文化思想。在他的这一思想引导之下，开始了中国近代伟大的启蒙运动，即五四运动。如果人们能够容忍自由地思想和思想自由，做到尊敬表达不同意见的权利，自己活也让别人活，那么人类就有可能生活在一个更美好的文明之中。那时候，曾经给人带来过那么多的危害和灾难的优越感和自卑感、专制和屈辱就都将退位；那时候，每一个民族和每一个个人都将以其独立的地位和独特的贡献而成为人类文明的宝库中的不可缺少的组成部分。

目前人类充满着机会，也充满着危险。这是一个关键的时刻。我们做得好，就可以期待有一个更美好的世界。任何愚蠢和错误（尤其是在当政者方面）也极有可能给人类带来无法弥补的浩劫。也许，人类的智慧以及足够多的历史教训，足以使人类能够迎接这场挑战，并且终于会做出是有益于人类而不是有害于人类的决定来。

也谈对《学衡》派的认识与评价

◇ 百家争鸣是文化进步不可或缺的条件，只有封建的、法西斯的思想文化专制主义才自命是金口玉言，要求定于一尊，听不得一点不同意见。

◇ 科学研究固然不能完全脱离实际，但却不能完全以实用为其取向，片面地以实用为归宿。学术的目的是求真，不是为了什么利益而服务。当然，人们可以利用它为自己的目的服务，但首先必须是无条件地承认它的独立性和中立性，而不是以它能为自己服务为条件。

◇ 从理论的层次来谈，真、善、美本身是无所谓新旧的。它们只有真假之分、善恶之分、美丑之分，但并无所谓新旧之别。如果说，文化或文明的价值就在于对真、善、美的追求，那么问题就不是新的砸烂旧的，而是真的、善的、美的取代假的、恶的、丑的。

◇ 人类文明的进步大抵说来不外乎两途，即革命的途径和改良的途径。政治上的剧烈变革每每是通过革命的手段；但是文化的变革无论多么剧烈，都不是革命的手段所能奏效的。你可以砸烂一个政权，你不可能砸烂一种思想，思想是砸不烂的。无论古今中外的统治者曾经怎样力图在思想上实行全面的专政，定于一尊，但一尊终究是不可能人为规定的。

我对学衡派的活动毫无研究，本来没有资格饶舌，但于拜读龙文茂女士的《再谈学衡派与新文化运动》之后，引发了自己对近代新文化运动的一些联想。尤其是书中论及的三位学衡派的代表人物吴宓先生、汤用彤先生、陈寅恪先生还曾是自己的老师，尽管我对三位老师只有感性的印象，谈不上对他们学问的理解。日前阅读本书时，虽已时隔半个多世纪，但三位老师的音容笑貌仍恍然如在眼前，爰不揣浅陋，聊赘数语。

三位先生的学术贡献是世所熟知的。除了他们各自的专业领域而外，三位先生的根本出发点似都可以归结为一个宗旨，即中西文化的综合与创新。而这本来也是一个多世纪以来困扰中国学人的根本问题所在。对于这一根本问题的探索，每个人的态度也各不相同。有的人不过是在玩弄辞藻，最多也只是哗众取宠于一时。而三位先生则是全身心地投入，在他们学术思想的背后是有着他们的人格和风范贯彻始终的；而其流风余泽之所及也还深深影响了他们下一代乃至几代的学人。本书作者以"现代文化中的堂·吉诃德"一词形容吴先生，不禁使我想起吴先生生平的爱情故事，那是当时校园内众所周知的，先生本人亦直言无忌，从不隐讳。对这件事，陈先生不以为然，曾加以劝阻和批评，并且指出吴先生的思想根源仍然是新旧两种文化思想的矛盾和冲突。最近看到李又宁教授《胡适和他的朋友》一书中一篇纪念胡适的文章，也提到这样一桩故事。北大老校长蒋梦麟先生丧偶之后再婚，胡适出面劝阻并代他设计了详尽的方案。一桩个人私生活的事，今天即使是最要好的朋友恐怕出面干预的事也是不多见了，而老一辈的学人如陈先生、胡先生却出面劝阻并加以指责，岂不足以表明他们的学术思想和他们的生活实践是如此之一致，在他们身上以及被他们所指责的生平好友身上真正体现了歌德的名言："诗人是最真实的人。"吴先生是诗人，是真实的人；陈先生是诗人，是真实的人；就连备受批判的胡适也不失其真实的本色。这种真实不仅表现在他们的学术思想上，同样也表现在他们的人格和风范上。吴先生在课堂上多次阐述过他的女性观。他理想中的女性是一种被圣洁化了的女性偶像，是歌德所讴歌的那种 Das Ewige Weibliche（永恒的女性）的理想，是柏拉图式的永恒的爱，是但丁心目中的碧德丽采。陈先生批评他是两种人生观的交战，应当说是符合实际的。吴先生毕生服膺孔子教义，但也多年一直讲授西洋浪漫诗人。两种文化的不同价值和理想体现在一个人的身上，是一个带有普遍性的时代课题；但或许只有少数人、少数灵心善感而又忠厚笃实的灵魂才被特选为这个时代课题的承担者而受苦受难。于是吴先生和他的终生挚友陈先生就扮演了为此而受苦受难的角色。在这种意义上，他们是把生命献给了真理的。

中国文化自古以来就在世界上处于领先地位，所以在心态上自然也很容易以天朝上国自居而睥睨夷狄。但是到了近代，中国却落后了。这个落后的事实，中国人在心态上是难以接受的。18 世纪的英国已经成为近代世界上遥遥领先的唯一超级大国，而乾隆在接见英国使臣时仍然视之为化外的蕞尔蛮夷之邦。一直到 19 世纪中叶以后，接连不断的败仗下来，中国才不得不承认夷人船坚炮利的长技是不能不学的；随着不断的失败，认识也慢慢加深，逐渐意识到了技术也需要有声光化电之类的基础科学知识作为依据；再进一步又认识到科学技术的发展不仅是科学技术本身的问题，还需要有一定的政治社会条件与之配套，于是涌现了要求变法维新、开议院、定国是的潮流。及至 20 世纪初，思想认识更深入了一步，便有大规模介绍西方思想文化（与物质文明相对而言）之举，从进化论和天赋人权论直到"五四"时期的科学与民主——中国就这样走过了她现代化历程的第一个阶段，从形而下的"器"走向了形而上的"道"，对于现代化有了直接感受和认知。在这样一个中西文化的碰撞与融合的过程中，必然会呈现各种复杂的情况，绝非非此即彼的简单二分法可以一言定案的。

近年来似乎有一种见解，想要翻五四新文化运动的案，似乎是五四新文化运动对旧传统否定得太多了。但事实上，五四新文化运动的那批代表人物全都是从旧学营垒里走出来的，如陈独秀、胡适、钱玄同、鲁迅诸人，他们的旧学根底是极其深厚的，不知要比今天指责他们抛弃了旧传统的人要高多少倍，是今天大讲孔孟之道的人所望尘莫及的——他们全部的著作都可以作证。当然，其间每个人由于背景不同，做出的反应也不同；这是正常的，也是自然的，不足为奇。当时学衡派的先生们给人最深的印象之一也是最为人所诟病的，是他们偏爱古文，反对白话。我以为这应该说是他们一个很大的错误。不过无论如何，文字毕竟只是工具，是一种载运工具。"文以载道"，更重要的是要看它所载的是什么道，例如，是封建的专制主义之道，还是近代的民主主义之道。争论的要害所在，道比载道之文更为重要。

即如林琴南，曾在五四白话文运动中充当了反白话文的急先锋，斥白话文为"引车卖浆者流"的低等文化；他化名"荆生"写的那篇声讨白话文的檄文，长期以来竟成了一篇不可多得的笑柄文章，为人传诵不衰。但事情也还有另外的一面。正是这位平生不解西文的林琴南，却穷毕生精力以桐城派笔法翻译了（应该说是笔述了）好几十部西方小说，计两千余万言，为当时中国的文化界开辟了一个崭新的天地，使中国方面憬然于原来夷人不光是船坚炮利，也同样有他们的精神生活。他的功绩应该可以和严复介绍的西学媲美。所以严死后，林挽严联有"江湖犹是说严林"的话，也以与严复并称自许。盖棺论定，他也应该不失为属于"向西方追求真理"行列中的先行者之一。

在这场"向西方追求真理"的大行列里，学衡派是属于中间路线的温和派。一方面他们不同于激进派，而是更多地倾向于尊崇和维护传统；但另一方面也不同于守旧派之复古，而是主张汲取和融合西方的思想文化。这种立场自然会不见容于激进和保守的双方，更何况20年代（20世纪）马克思主义思潮在中国已开始崭露头角。鲁迅先生即曾对学衡派有过尖辛的讽刺和责难。先生的指责我以为有些是中肯的。本来嘛，"修辞立其诚""辞达而已矣"，遣词造句又何必一定要用——

如先生所讥之为的——"英吉之利"和"法兰之西"那样的笔调。至于先生所特有的那种嬉笑怒骂，我以为那倒毋宁说是学术思想上正常的乃至可喜的现象。

百家争鸣是文化进步不可或缺的条件，只有封建的、法西斯的思想文化专制主义才自命是金口玉言，要求定于一尊，听不得一点不同意见。何况这里面临的是中国文化的现代化取向这样一个无比复杂的问题。大体上自从文艺复兴以来，中国文化在世界史上的领先地位即呈现为逆转的形势。当西方大踏步迈入近代之际，中国却牛步迟迟仍停留在中世纪的阶段。相应地，中国思想文化的步伐也比西方晚了一个历史阶段。这是不以人的意志为转移的无可奈何的事。我们到了 20 世纪尚在走西方 18、19 世纪的路，崇拜科学乃至唯科学主义以及对启蒙和民主的要求都是在补历史的课。本书的作者说，吴先生是"被一个世纪的社会变局击垮了、碾碎了"，实际上，这里所说的也是与吴先生类似的那一代学人的命运，尤其是陈先生。"落红不是无情物，化作春泥更护花。"今天人们仍在认真地研究他们，深情地怀念他们，岂不正足以说明他们以心血铸就的贡献的不朽价值？他们所面迎的这一幕巨大的近代化浪潮，是一场"两千年未有之变局"。在这种形势面前，乃有激进派和国粹派的分野，仿佛是二者必居其一，第三条道路是没有的。而学衡派的选择恰好把自己定位在第三条道路上。他们和激进派的分歧是显而易见的，故而被激进派视之为与国粹派沆瀣一气也是理所当然的。

然而正如本书作者深具慧眼所指出的，他们与国粹派并不相同：不同在于国粹派表面上一味崇古复古，而其骨子里则是一味崇洋媚外。学衡派则表面上既非一味崇古复古，骨子里也绝不一味崇洋媚外。他们所祈求的是在中国的和西方的原有基础之上得出一种综合创新。至于这一鹄的究竟实现得如何，则有待于读者们的评说。

与此相关，作者又指出学衡派在文化批判理论上的另一贡献就在于他们察觉到了传统的中学之弊在于过分重视实用、实践，致使纯粹学术思想的基础理论得不到发展。作者于此引陈先生的论断说："'传统旧学'惟重实用不究虚理，其长处短处均在此。长处即修齐治平之旨；短处即实事之利害得失观察过明，而乏精深远大之思。"理论与实践、基础学科与应用技术，双方总是既有分又有合的，是相反相成的。通常所习惯的"理论与实践相结合"的提法，正需以二者的相分离为其前提。如果二者只有合而没有分，就成了浑然一体，谈不到所谓结合了。只强调合或只强调分，都失之于片面。两者的关系应该是有分有合，互相促进。惜乎中国思想文化的传统只重统与合，而无见于分与别，因而始终不免局促于浅薄的实用主义，而不善于开拓精微的更高一层的理论思维的堂庑。单纯的实用主义必然是行之不远，这一点上学衡派的见解无疑是有深度的，今天仍然值得人们认真思考。历史上，中国的实用技术曾领先于世界（如"四大发明"），但何以到了近代反而落后了？从纯理论的角度来说，岂不正由于缺少了为近代科学的建立所必须的脱离实际的抽象思维：欧氏几何与牛顿体系以及作为其前提的形而上学的假设？科学研究固然不能完全脱离实际，但却不能完全以实用为其取向，片面地以实用为归宿。学术的目的是求真，不是为了什么利益而服务。当然，人们可以利用它为自己的目的服务，但首先必须是无条件地承认它的独立性和中立性，而不是以它能为自己服务为条件。

与此相关的还有学衡派的另一个观点，即他们看到了人文学科与自然科学在性质上的不同，这是他们高出当时流行见解的地方，因而他们并没有陷于当时（乃至后来）流行的唯科学主义的倾向，即力图把人文学科置之于自然科学的行列之中或之下的倾向。这个问题似乎今天仍未得到很好的解决。学衡派在当时即曾指出："现代文明理念之一大失误是将道德与物质进步混为一谈。"人类的精神文明或文化，是不能单纯地等同于物质进步的。究竟应该如何为自己的文明和文化定位，这个历史上的永恒问题在近代中国的巨变中来得格外的突出而又重要。由于学衡派特别珍视精神文明，所以他们珍惜历来的文化传统，而不赞同打倒或砸烂旧传统。他们就像 18 世纪的柏克（E. Burke）那样小心翼翼地一意要维护已成为多少世纪以来人们智慧的结晶的传统文化，唯恐它会被破坏、被打碎。他们把那种文化虚无主义的态度称为"汪达尔主义"或"番达主义"。中世纪初期日耳曼民族大迁移，其中汪达尔一族人由中欧北部向西南远征，跨海进入北非，一路上以野蛮地破坏古典文化和文物出了名，这种行径被人称为"汪达尔主义"。在一个历史剧变的时代，必然会有人倾向于砸烂旧传统，也必然有人倾向于维护旧传统。一个旧的统治政权无疑是可以或者是应该彻底推翻的，但是一种悠久的文化传统有无可能或者是否应该彻底砸烂就成为问题了。一切新文化总是在已往的文化基础之上建立的。从事实的层次来谈，没有旧文化的基础，就不可能有新的文化，没有前人积累的基础，就不可能有后人的创新。从理论的层次来谈，真、善、美本身是无所谓新旧的。它们只有真假之分、善恶之分、美丑之分，但并无所谓新旧之别。如果说，文化或文明的价值就在于对真、善、美的追求，那么问题就不是新的砸烂旧的，而是真的、善的、美的取代假的、恶的、丑的。然而新旧两派的门户之见却往往使得双方都不免意气用事而未能冷静地对待这个问题。时至今日，又已距当年的争论七十多年了，何况还又曾经历了一场史无前例的文化浩劫，是不是我们对这个问题也应该有更高一层的看法和更深一层的理解，从而使过去各个不同的派别都能从不同的方面和角度有助于丰富我们今天的认识呢？

这就引向另一个更带有根本性的问题，那就是历史的演化历程有没有一种放之四海而皆准的普遍规律，抑或每个国家和民族各有其自己独特的道路，此外并不存在一条共同的道路；故而也就并不存在一条普遍的共同的价值标准，所以我们也就不能用同一个尺度来衡量和评判各个不同民族和各个不同时代的文化？对于这个问题，我们今天大概可以回答说：现代化是全世界一切国家和民族的共同取向，是古今中外任何文化所概莫能外的。现代化在很大程度和范围上就意味着共同化、普遍化、全球化和一体化。然则，所谓的现代化是仅限于物质生活的层面呢，还是也包括精神文明（例如价值观）在内？物质文明的现代化，其普遍性和共同性是不成问题的。例如，谁的飞机好，全世界都有共同一致的标准。但是精神文明是否也有共同一致的标准。例如，谁的人权记录好，是不是也有共同一致的标准呢？抑或各有各的标准呢？学衡派于呼唤精神文明时，是把希望寄托于古今中西文化可以有融会贯通的一致之点上面的。这可以说是代表了一种极堪称道的向往。而早在他们以前的一个世代，梁启超就呼吁过并期待着古今中西文化的融合可以为未来的新文化孕育宁馨儿了。但是理想主义者的学衡主持人吴先生似乎未能摸索到一条切实可行的道路以实现自己的理想。相反地，他的向往和理想往往显得不合时宜，甚至于为时所摈。当时的一位名作家还写过一篇讽刺小说，是嘲讽一位"新学究"的，据说就是以吴先生为模特儿。吴先生毕生所服膺的是他的老师白璧德（I. Babbitt）和黄晦闻及他的终生挚友陈寅恪先生。但是他这种新人文主义的精神并未得到当时广大的知识分子，尤其是青年知识分子的认同。我以为究其原因倒不在于它本身的理论方面，而是在于它太远离当时政治社会现实的迫切要求了。当时压倒一切的时代课题是要求国家的统一、安定和富强，是抵抗外敌的侵略、救亡图存。凡是能直接面迎这个时代课题的，就会博得人们的认同。不幸的是，恰好在这一根本之点上，学衡派表现得是那么的"迂远而阔于事情"。就这个要害方面而论，学衡派甚至显得远远落在了自由主义的现代评论派的后面。

作者还有一个基本论点是十分精辟的，那就是她认为"近代以来中国人的文化心理一直徘徊于大国沙文主义与民族自卑情绪之间"。我以为作者在这里提供了一条解释近代中国思想文化心态的根本线索。也可以说，整个一部中国近代史在心态上全都可以归咎为始终没有摆好自己与外面世界（尤其是发达国家）的关系，而是不断反复地从一个极端摇摆到另一个极端，从极端的自高自大一摆就摆到极端的自卑自贱，又从极端的自卑自贱一摆就摆到极端的自高自大。中国近代史也就在这二律背反之中跌跌撞撞地匍匐前进，既不知彼也不知己，关起门来就自吹自擂，打开门来就奴颜婢膝。在这二律背反之中，崇洋媚外和保存国粹双方的基本出发点却又是出奇的一致，双方都是以西方尺度作为标准。所以国粹派的爱国主义就表现成为西学源出中国论，仿佛学者们只消考订出我们有点什么东西比西方早了多少年，于是就满足了自己的那点阿Q心态。说穿了，他们认为成其为文明的标准的，仍是属于西方的专利品。

而与此同步并行的，却是另一个耐人寻味的现象：近代以来厕身于先知先觉行列中的中国知识分子一方面是充满了爱国的热情，同时另一方面却又对自己民族文化的传统采取极为鄙弃的态度。他们寻求救国救民的真理不是向自己民族文化的传统里去寻求，而是向西方去寻求。这在世界历史上几乎是罕见的例外。按照通例，一个民族当遭受外来侵略时，总是要向自己民族的文化传统中去寻找鼓舞爱国情操的力量。19世纪初，希腊人反抗土耳其的统治，就曾极力诉之于希腊古典文化的传统。20世纪的苏联为了激励反法西斯的卫国战争，就极力弘扬俄罗斯民族文化的光辉历史，历史上的人物，学者如罗蒙诺索夫、将军如库图佐夫，乃至过去曾被批判过的作家如陀思妥耶夫斯基等都大为走红。相形之下，中国的情形却正好相反。在中国，国粹与爱国二者并不是同一回事。国粹主义者往往并不爱国，爱国主义者又往往鄙夷国粹。五四新文化运动固然是鄙弃传统的，但是能说他们比国粹派更不爱国吗？伪满洲国的一批老汉奸（如郑孝胥、罗振玉之流）其旧文化的修养都是高水平的，能说他们比对传统旧文化毫无修养的青年人更爱国吗？在更深层的意义上倒是更可以说：正是顽固派以旧文化传统作为其抗拒新思潮的堡垒，才迫使新文化的激进派对旧文化传统发起了全面猛烈的攻击。鲁迅先生就曾感叹说："我们要保存国粹，也要国粹能保存我们。"实际上，国粹派的所作所为是既不要保存国粹，也不要保存人民。看来这个问题还涉及许多复杂的纠葛，不像它表面上那样看来似乎片言可决。表面上似乎是对立的派别，骨子里的思路原来竟然是一家；骂别人崇洋媚外的，原来自己正是最崇洋媚外的；而表面上极其反对民族传统文化的，又竟是极其爱国的。

人类文明的进步大抵说来不外乎两途，即革命的途径和改良的途径。政治上的剧烈变革每每是通过革命的手段；但是文化的变革无论多么剧烈，都不是革命的手段所能奏效的。你可以砸烂一个政权，你不可能砸烂一种思想，思想是砸不烂的。无论古今中外的统治者曾经怎样力图在思想上实行全面的专政，定于一尊，但一尊终究是不可能人为规定的。因此在文化上，看来只能是通过逐步改进的途径而进步。作者的论断说："学衡派的文化主张更接近改良派。"这个论断是符合事实的，或者也可以理解为学衡派的文化主张是更为符合思想史的运动规律的。思想的运动不是采取革命的形态而是采取改良的形态在运作的。即如陈先生的思想，大家都知道他是一贯主张"中体西用说"的，他自己也坦承自己"思想囿乎湘乡南皮之间"。不过也必须看到他那中体西用已和清末洋务派的中体西用大有不同，甚而已脱胎换骨。洋务派的中体仍是三纲五常，陈先生的中体则早已抛弃了三纲五常。洋务派的西用还只限于"声光化电"之类"形下之粗迹"，而陈先生的西用则已深入到其"形上之真髓"（"形下之粗迹"及"形上之真髓"均为王国维语）。假如仅以字句的雷同，遂遽指两者是同一回事，则不免失之甚远。过去人们往往以守旧目陈、吴几位先生，实际上都和他们新人文主义的宗旨和理想全不相干。只不过他们的这种宗旨和理想在当时的现实条件之下并没有实现的可能。故此，作者才评论他们说：他们的"立意是可取的，尽管学衡派诸公在多大程度上实现了此一立意，有待进一步考察"。读到这里，我很想套用陈先生自己的一句话来说："呜呼，世之读史者倘亦有感于斯言欤！"学衡派的苦心孤诣每为当时的人所误解，这固然是学衡派的悲剧所在，但又岂止是学衡派诸公的悲剧而已！

原载《读书》1999年第5期

历史坐标的定位

—— 为《本土和域外：中西文化交流史论》而写

◇ 任何思想学说一旦诞生，就具有了它自己独立的存在，而与它的母体（它的创造者或发明者）脱离了关系，它从此就获得了它自身的独立生命，不管它原来的发明者或创造者的政治属性是什么，是哪党哪派，是什么阶级，是为谁的利益服务的。一切学术、科学和艺术，我们都只能就其本身的真伪、善恶、美丑来加以判断，甚至于可以完全不知道作者为谁。任何学术思想都是以其自身的价值而存在的，而并不以其作者的政治立场为转移。这或许可以说是：既不以人取言或废言，也不以言取人或废人。

◇ 如果学术是彻头彻尾为政治服务，完全沦为政治需要的哈巴狗，那么学术就没有进步可言了。苏联的李森科学说、朝鲜所谓经络系统的"凤汉小体"，均已成为思想文化史上荒唐的笑柄。真理是古往今来全人类智慧的结晶，是全人类共同的财富，它对一切人是一视同仁的，是为一切人服务的，它并不特别钟情于某个特定的国家、民族、时代、阶级、党派、集团或个人。科学并不偏爱某种政治，专门为它而服务；反之，政治倒是必须服从科学，不然就会受到科学的惩罚。

◇ 近代化的潮流一旦出现，便浩浩荡荡沛然莫之能御，任何民族或文明要想抗拒近代化乃是绝不可能的事。只要有某一个文明率先迈步走上了这条路，所有其他的也都必然只能是一往无前地而又义无反顾地走这同一条道路。近代化是唯一的历史道路，其间并无中外之别、华夷之辨。民族特色当然是会有的，但那只是近代化过程中的不同形式或风格，究其实质并无二致。

40 年代（20 世纪）之初在西南联合大学读书时，曾选了向达先生的《中西交通史》一课，这是我接触到这个领域的开始，当时向先生已是闻名海内外治中西交通史的权威了。向先生讲课的内容极其细致，每每也发挥自己一些精辟的理论见解（例如，他认为汉唐时期中华民族的心态是健全的，宋代以后开始病态的扭曲），给我留下了深刻的印象。考试是写一篇读书报告。我的报告经向先生仔细阅过，还改正了错字，给了我 80 分。其后多年人事倥偬，遂长期搁置了这个题目。

50 年代（20 世纪）后期我在中国科学院历史研究所工作时，侯外庐先生撰写《中国思想通史》第四卷，嘱我准备一份有关明清之际西学传入中国的资料。我当时接触到的材料有很大一部分就是向先生 30 年代（20世纪）在英法两国访书的手抄本，可称是珍贵的史料。这些资料后来一直放在我们的研究室内。"文化大革命"期间几度更换领导，人多手杂，历经搬迁，这些珍贵的资料现已下落不明，实在是很可惋惜的事。我在着手之初，本来是准备把收集到的材料分门别类做出一份资料长编，供侯外庐先生参考的。不意侯先生即在此资料长编的原稿之上加工修订遂成定稿，作为全书中的一章。

到了 60 年代（20 世纪）初期，由于接受上级布置的任务，准备帝国主义文化侵略的资料，曾经两次去上海和南京访书。第一次是随林英先生访上海徐家汇图书馆和圆明园路的基督教三自图书馆，勾留了数月之久。第二次是短期随李学勤先生去上海三自图书馆和南京金陵神学院访书和借书。这一工作后来由于形势转移而停顿下来。

"文化大革命"以后虽又断续几次接触到这一领域，但均颇为短暂。已故北京大学王重民教授于 50 年代（20 世纪）曾撰写有《徐光启传》，但仅为草稿，最后部分迄未完成。"文革"后期，王先生不幸辞世。"文革"以后，王夫人刘修业先生嘱我加工补充写成定稿，我也乐于从事这项工作，作为对生死两位友人的纪念，遂对全稿进行修订、加工和补充，由上海人民出版社出版。

稍后到了 80 年代（20 世纪）之初，老友何高济先生翻译了利玛窦的《中国札记》一书，嘱我校订，我遂重为冯妇，又一次接触到了这个题目，和他合作一起进行这项工作。后来，何高济先生去世，他所遗留的《中国史稿》中有关清代中西文化交流一节遂亦由我承担。因之，这一时期断续写过几篇有关这方面的文字，现均收入这本集子以供读者们批判。

　　有关这一领域的研究，除了 20 年代（20 世纪）"非基运动"的若干文字而外，研究者们大抵都是以赞许的态度在看待西方传教士对中西文化交流的贡献的。新中国成立以后，对这一领域的研究则是以反帝国主义反殖民主义的文化侵略为其中轴线。近年来的研究似乎又在反其道而行，一味颂扬西方传教士的贡献而置整个历史潮流的大势于不顾，似乎唯有这批代表中世纪传统的反改革的旧教传教士，才是这一时期世界文化交流史上的代表人物。甚矣，做出正确的历史评价之为难也。

　　研究思想文化史所遇到的最微妙的问题，莫过于政治与学术二者的关系了。一方面，可以说学术从来就没有可能脱离政治。任何学术都要受一定政治条件的制约，而反过来又必定影响及于政治。这连纯粹的自然科学也不例外。直到仅仅是前几年，罗马教廷才正式宣布为三个多世纪以前对伽利略宣扬哥白尼的定谳平反，就是一个显著的例子。但同时，事情又还有其另一方面。任何思想学说一旦诞生，就具有了它自己独立的存在，而与它的母体（它的创造者或发明者）脱离了关系，它从此就获得了它自身的独立生命，不管它原来的发明者或创造者的政治属性是什么，是哪党哪派，是什么阶级，是为谁的利益服务的。一切学术、科学和艺术，我们都只能就其本身的真伪、善恶、美丑来加以判断，甚至于可以完全不知道作者为谁。拉斐尔的绘画、帕格尼尼的音乐（这两个例子是恩格斯所列举的）或是毕达哥拉斯定理、阿基米德原理，我们都只就其本身来考虑其价值，我们甚至可以完全不考虑作者其人。任何学术思想都是以其自身的价值而存在的，而并不以其作者的政治立场为转移。这或许可以说是：既不以人取言或废言，也不以言取人或废人。人与言二者是各自独立的。如果学术是彻头彻尾为政治服务，完全沦为政治需要的哈巴狗，那么学术就没有进步可言了。苏联的李森科学说、朝鲜所谓经络系统的"凤汉小体"，均已成为思想文化史上荒唐的笑柄。真理是古往今来全人类智慧的结晶，是全人类共同的财富，它对一切人是一视同仁的，是为一切人服务的，它并不特别钟情于某个特定的国家、民族、时代、阶级、党派、集团或个人。科学并不偏爱某种政治，专门为它而服务；反之，政治倒是必须服从科学，不然就会受到科学的惩罚。此所以马克思才特标他自己的理论为科学社会主义，以有别于一切非科学的或不科学的社会主义。科学社会主义之不同于其他形形色色的社会主义，端在于它是科学的。

由此出发，我们似乎承认学术就其本身而言便具有两重性。一方面是它本身所具有的真理性，即"真"的价值。同时另一方面，它又具有其社会的、政治的功能，它可能，而且也必然对政治与社会产生影响乃至冲击。这可以说是"善"的价值。看来我们似应该执此以评论历史上一切思想文化的功过是非。我们评价近代早期的中西文化交流也应该同时考虑到它的两面性，即它本身的价值如何以及它对历史发展的行程起了什么作用。简单地说，我以为：第一，就其本身而言，当时西方传教士所传入的西学，从世界观到方法论、从它的世界构图到它的理论体系完全是中世纪的目的论，谈不到有任何近代思想文化的因素；也因此，第二，就它的历史作用或意义而言，它就谈不到有助于中国之迈向近代化。而如何走出中世纪迈向近代化的大道毕竟是当时中国唯一的大事。我们不宜撇开这个唯一的坐标去侈谈什么伟大的贡献。

任何历史评价总需首先为自己定位在一个一定的坐标上。没有一个标准，我们就无从进行评价。当然，每个读史者可以各有其自己不同的坐标，因而也就得出了各不相同的评价。但从根本上说，终究是应该有一个大体上为大家所能一致认同的大前提作为标尺。否则，就会成为"人人都是他自己的历史学家"［卡尔·贝克尔（C. Becker）］，那就没有一部人类共同的历史可言了。毕竟，人类只有一部共同的历史，我们大家都活在这唯一的同一部历史里。

自然科学家在其研究的全过程中，自始至终是价值中立的。只是在这个过程的之前和以后，才以一个价值判断者的身份介入其中。而人文研究者则相反，他在自己的研究过程之中自始至终都贯彻他的价值判断；不是这样，就不成其为人文研究了。人文现象之所以成其为人文现象而有异于自然现象者，全在于其间贯彻始终的人文精神，亦即价值判断。人文研究有其不可须臾离弃的价值观；也可以说，可离弃者非人文研究也。它之不可离弃，亦正有如自然研究之不可不完全摒弃任何的价值判断。知识并不是某种现成给定的客体（Gegenstand），而是主体客体相结合所形成的一种状态（Zustand）。可是问题就在于：自然研究的对象是给定的，在价值上是中立的，而人文研究的对象（人）其本身就是彻头彻尾贯穿着人文动机的，一切人文现象都是人文动机（而不是自然）的产物，因此它就不可能有自然科学意义上的那种不以人的意志为转移的客观规律。没有人文动机就不会有人文现象，恰如有了人文动机就不成其为自然现象。因而历史学的研究就必须为自己设定一个价值坐标或评价标准，一切历史现象都在这个坐标上给自己定位。自然现象本身无所谓美丑善恶，而人文现象之成为人文现象却有赖于形成这一人文现象的人文动机。研究历史而不为其人文动机定位，那就成了演哈姆雷特而不要丹麦王子了。

然则具体到近代早期的中西文化交流的问题，这个坐标又应该置于何处？我个人以为：全部人类的文明史大抵无非是两大阶段，即传统社会与近代社会。其间最为关键性的契机便是：人类历史是怎样由传统社会步入近代社会的，亦即如何近代化或现代化（均是 modernization）的问题。人类历史上所曾出现过的各个伟大文明中（八个或二十一个或二十六个），其中只有西欧是最早（也是唯一自发地）步上了近代化的道路的。然而问题却在于，一旦有了某一个文明早着先鞭，率先进入了近代化，则别的文明也必将步它的后尘进入近代化。这个近代化的潮流一旦出现，便浩浩荡荡沛然莫之能御，任何民族或文明要想抗拒近代化乃是绝不可能的事。只要有某一个文明率先迈步走上了这条路，所有其他的也都必然只能是一往无前地而又义无反顾地走这同一条道路。近代化是唯一的历史道路，其间并无中外之别、华夷之辨。民族特色当然是会有的，但那只是近代化过程中的不同形式或风格，究其实质并无二致。科学使用的符号，西方可以用 a、b、c 来表示，中国可用甲、乙、丙来表示，但其内容并无不同。一切近代化的内容（科学、民主等）也莫不皆然。

西方在 15 世纪末 16 世纪初已大踏步走上了近代化的征程，这是马克思《资本论》所明确提到的。也正在此时，中国传统的皇权专制体制已进入了没落阶段。但何以中国方面未能比较顺利地展开一场近代化运动，其故安在？我以为就内因方面而论，可能比较复杂，非一言能尽。但就外因方面而言，则当时这批西方文化的媒介者、这批旧教的传教士们，却是对中国起了一种封锁近代科学和近代思想的恶劣作用。

假如当时传入中国的，不是中世纪神学的世界构图而是近代牛顿的古典体系，不是中世纪经院哲学的思维方式而是培根、笛卡尔的近代思维方式，中国思想意识的近代化有没有可能提前 250 年至 300 年？若然，则中国的思想史将会是另一番面貌，而不必待到再过两三个世纪西方的洋枪洋炮轰开了中国的大门之后，才憬然萌发近代化的觉悟了。有人说当时传教士传来的，即使不是最先进的东西，但有一些（如三棱镜之类的奇器）

总要比没有好些。这样的似是而非之论出之于历史学家之口，恐怕就是完全昧然于历史发展契机的要害所在了。这一漫长历史时期，中国历史的根本课题就在于：当时她所需要完成的任务乃是近代化，而不是什么别的。印第安人的少数孑遗，今天也能坐上林肯牌或凯迪拉克牌的轿车和波音747乃至协和式的飞机了。但是，这又何补于他们整个民族悲惨的沦亡？历史的坐标应该只能是定位在近代化上；如果不是这里，又能有什么别的地方呢？

当然，以上所谈的只是个人的一孔之见、一得之愚；而且自己深知它会是颇为不合时宜的。但是我也深深以有侯外庐先生、李约瑟先生、席文（N. Sivin）先生这些杰出的学者们的首肯而增加了一点信心。侯先生同意我的看法，所以径直引用在他的巨著里。李约瑟先生的巨著中曾明确指出当时西方传教士的世界观远远落在中国人之后。多年以前在斯坦福大学校园里曾和美国科学史家席文先生有过一次畅谈，他同意我的观点并深有感触地说：当时这些西方传教士实在不是中西文化交流的好的媒介者。至于就这些媒介者的个人而论，我自然绝无意于否定像利玛窦那样卓越的才智和锐利的眼光，以及汤若望、南怀仁一辈人在科技方面的诸多贡献。不过这些远不是历史的主流与本质之所在。而且无疑地，这正是导致中国错过了她近代化的大业的重要背景之一。

1999 年秋于北京清华园

原载《读书》2000 年第 4 期

本土和域外

◇ 一个人大概很不容易摆脱由自己特定的背景而形成的偏见或者局限性。一个西方学者往往会有意无意之间以西方文明的发展历程作为唯一的标准模式，自觉或不自觉地以这个坐标系来衡量其他民族的文明发展史。

◇ 启蒙运动开阔了西欧的眼界：原来世界上还有那么多的民族及其文化都不是（而且也不必是）遵循西欧文明的模式的，他们还发现野蛮人也可以是高贵的（所谓 noblesavage）。

◇ 假如自己的老祖宗过去在人类历史上曾经做出过那么大的贡献，这岂不是正好反证今天作为后代子孙的是何等的不肖而有辱先人。一个民族争气与否，是要看自己的，并不看老祖宗好坏如何。

◇ "历史告诉我们：凡是宗教与野蛮混杂在一起时，总是宗教获胜；而凡是野蛮与哲学混杂在一起时，却总是野蛮得胜。"

◇ 过去的文化并没有死去，而是就活在我们今天的文化之中。欧几里得几何学仍然具有其不朽的理论的和实用的价值。

一

我们本国人读本国历史，总不免立足于本土；而外国人看我们的历史便往往立足于局外。我们仿佛是入于其内，从内部来理解本国历史；而外国人则仿佛是出乎其外，从局外来理解我们的历史。这两种不同的途径所得出的历史构图，显然会有很大的歧异。比如说，中国文化传统中的仁义道德，西方学者大都是倾向于赞美的：它们曾受到了莱布尼茨、伏尔泰等人的热烈称道，就连对中国一无所知的歌德，都曾发出过"啊，文王！"的赞叹。当代一些西方汉学家，大抵是沿着这个老路走。从局外看起来，仁义道德那些美好而崇高的字样，听来是何等之令人神往。但是在我们身在其内的中国人看来，它们却未必就如此之美好而崇高了：鲁迅的《狂人日记》在仁义道德的字缝里，就只看到了血淋淋的"吃人"两个字。这好比我们观赏舞台上演员的舞蹈，看来那么的绰约轻盈，有如行云流水，飘逸极了，简直毫不费力的样子；却不知在舞台之下，要为此付出多少眼泪、汗水、劳苦和辛酸。每读外国人所写的论中国历史文化的著作或和国外学者谈话时，总不免有此感受。

然而在读到国内出版的历史著作时，却又免不了另一种感触，即域外史料受重视和被引用的，实在是太少了。远的不谈，自从明清之际以来，西方传教士就络绎东来，传教团也像外交团一样要经常向国内报告中国的情况。但这份几个世纪所积累的丰富史料，却极少有人问津。[只记得有位史学家对世传董鄂妃逝世、顺治因之出家的所谓"清初三大疑案"之一，引用过汤若望（Adam Schall von Bell）传记中的记述。]但最负盛名的法国耶稣会海外传教书信集，即 *Lettres édifiantes et curieuses, écrites des missions étrangères*（par quelque Missionaires de la Companie de Jésus），好像迄今还没有人认真发掘过。又如研究中国近代史是史学界多年来的热门，而在国内出版的一些重要外文书刊，如《字林西报》（*North China Daily News*）、《密勒氏评论报》（*Millard's Review*）乃至英文《北平时事日报》（*The Peking Chronicle*）和《顺天时报》似乎都绝少有人一顾。中国图书馆善本书库中有不少 18、19 世纪外国人来中国后所写的有关中国的著作，很多还附有精美的插图，对研究当时社会史或地方史（如北京史）的学者，不失为珍贵的资料，却不见有人使用。或许图书一入善本库，就犹如打入冷宫，从此束之高阁，永世不见天日，不知这是否域外资料之未能发挥作用的原因之一。再如威特、瓦德西、李顿、李滋罗斯、史迪威、马歇尔等都是和近代中国极有关系的人，他们的文献、档案作为反面材料，恐怕也是应该重视的。他们的回忆录至今也尚无中文译本。

此外，域外有关中国史的著作，在论点上也有值得我们重视和参考的地方。例如，宋儒理学曾给我们民族精神裹上了小脚，其中根深蒂固的"正统"观念就是十分突出的一个。《通鉴纲目》号称踵事《春秋》，它竟能通过一大套善善恶恶的书法而把客观的历史世界彻底给伦理化了、理性化了，从而使每一桩史实都转化成一种仁义道德的神学构件。这真是一项了不起的本领。要直到 20 世纪之初，梁启超老先生才大张挞伐，对正统这一谬见发动了正面攻击。但时至今天，我们还经常听到"以儒家为代表的中国传统文化"之类的提法。所谓以某某为正统、以某某为代表，这在局外人（或域外人，或用妙玉的话"槛外人"）看来，简直是荒唐的、无法理解的。历史本身根本无所谓正统，也不发生以谁为代表的问题。但习惯于这种见解束缚的人，习惯成了自然，至今恐怕还有人未能完全摆脱。

能够摆脱这种正统谬见来观察中国历史的真面目的，英国的李约瑟博士应该算是域外最杰出的学者之一。正因为李约瑟是从与我们历来传统的思想习惯颇为不同的另一种角度出发的，所以他对中国历史上的人物、学派和思想的臧否，也就颇有异于我们历来所习惯的种种评价。

二

李约瑟博士卷帙浩繁的大著《中国科学技术史》（英文原名应作《中国的科学与文明》），第一卷为绪论，第二卷讨论中国思想史，以下各卷则分门别类探讨中国科学与技术的各个方面。这是一部研究中国科学与文明的开创性的著作，也是迄今为止唯一一部多卷本的综合性著作。在历史学的领域中，它当然不能说是已经说出了有关中国科学与文明的最后的话；但它确实应该理所当然地被认为是写出了有关中国科学与文明的最初的全面论著。

李约瑟的书，在提出问题和解决问题两方面，都做出了不可磨灭的成绩。科学与文明本来是人类的共业，是各个时代不断积累的共同财富。应该怎样鉴别、汲取并发扬光大这份财富——这个着意是这部巨著中一条鲜明的指导线索。凡是想认真研究中国科学与文明的人，大概没有人可以绕过这部书去，对它置之不理；凡是研究中国思想史的人，也绝不会等闲忽视它的第二卷的。

一个人大概很不容易摆脱由自己特定的背景而形成的偏见或者局限性。一个西方学者往往会有意无意之间以西方文明的发展历程作为唯一的标准模式，自觉或不自觉地以这个坐标系来衡量其他民族的文明发展史（糟糕的是，就连中国学者，甚至是自称反对西欧中心论的学者，竟也接受了这一西方标尺作为自己立论的前提，例如侈谈所谓中国封建社会的长期性，就是从西欧标准论出发而得出的一个结论）。启蒙运动开阔了西欧的眼界：原来世界上还有那么多的民族及其文化都不是（而且也不必是）遵循西欧文明的模式的，他们还发现野蛮人也可以是高贵的（所谓 noblesavage）。于是就酝酿出了一种"世界公民"（Weltbürger）的观点，18 世纪末的康德与歌德都曾以"世界公民"自命。李约瑟博士继承了这个开明的传统，他不把自己的眼光局限于西欧的模式，他怀着一种深刻同情的态度，深入研究中国古代的科学和文明。本卷卷首，他引了罗素《西方哲学史》

（1946年版，第420页）如下的一段话作为全书的献词，以此表白了他自己的信念：

"我认为，如果我们要在世界上有一种家园之感，我们就必承认亚洲在我们的思想中享有同等的地位——不只在政治上，而且在文化上。我不知道这将带来什么样的变化，不过我相信它们将是深远的，而且有着极其重大的意义。"

这种博大开明的视野，使他一方面既能时时以中西双方的科学与文明进行对比，另一方面又不囿于任何正统的谬见——以儒家为准，是一种正统谬见；以西欧为准，也是一种正统谬见。他既能广征大量的西方史实，同时又能博采中国的诸子百家、释道典籍、小说笔记以及当代各家的新说。这两方面，我们可以各举一例。前一方面有一个例子是：据古代传说，墨子曾制造过一个飞行器（木鸢），作者指出大致与此同时，关于 Tarentum 的 Archytas 也有过同样的故事。他由此进而探索了中国古代思想与古希腊前苏格拉底的思想的平行发展，以及它们平行到什么程度。后一方面的例子是：侯外庐先生研究《老子》，对书中第十一章的那段名言"三十辐共一毂，当其无，有车之用。……故有之以为利，无之以为用"，提出了一种创见，即此处的"有"和"无"并非是物质属性。侯先生这一独特的见解，多年来不曾为我国学术界所普遍接受，虽则侯先生本人几十年一直坚持他的见解，认为这是理解《老子》乃至中国古代思想的奥秘的一把钥匙。有趣的是，并世学者之中，李约瑟博士却独具慧眼，同意并采纳了侯先生的创见，这使侯先生本人也异常惊讶和感动。几年前，李约瑟博士还回忆此事说："我记得，当我把它编入《中国科学技术史》第二卷时，为此我曾受到不少批评，但我仍然认为侯外庐是对的。"[1] 这不但表明作者本人对当代中国学术研究功力之深厚，同时也表明东海西海对古人的理解，正所谓会心处并不在远。

本书资料丰富、体大思精，是举世学术界所公认的。当然，这并不是说他已妥善地解决了所有重要的问题。相反地，他留下了许多问题悬而未决或存而不论，留待别人去解决。甚至在涉及历史重大基本理论时，也是如此。这里也不妨举一个例子。在历史上，科学的进展往往是和商业的发达同步的；而按韦伯的说法，商业总是在城邦政治中发展出来，而在官僚专制的体制之下则否。然则，中国古代科学与思想的发展是否也符合这一普遍性的规律？如若不然，那么对中国科学和思想的发展史，又应该得出什么样的理论来？作者对此未做

---

[1]　侯外庐：《韧的追求》，北京：生活·读书·新知三联书店，1985，第147页。

任何解说。当然，对这个问题的缄默并不就减弱本书的价值，反而可以促进读者们去寻求进一步的答案。要求一部书解决所有的问题，不仅是不可能的，而且也是不明智的。

早在第二次世界大战期间，李约瑟（剑桥大学生物化学家）和陶德斯（Dodds，牛津大学古希腊学家）两位教授就作为英国文化交流学者来到中国；从此，李约瑟就迷恋上了中国的科学和文明，以之作为此后自己终生的事业。在漫长的半个世纪里，他以超人的精力完成了对这个题目的最宏伟的业绩。同时他还领导和培养了一大批中国的和外国的青年学者，使他的学派成为蜚声世界的权威。前岁在香港曾晤及一位英国青年学者白馥兰（Francesca Bray）女士，是他的弟子，专攻化史，刚获得博士学位，将赴美任教，大概是他的关门弟子了。40年代初（20世纪），我在西南联大做学生时，曾听过他几次讲演，当时他青春正富，内容精辟，感人至深。五六十年代（20世纪），他又几次来中国，并做过几次公开演讲。最近一次是1987年年底访问中国，在中国社会科学院的宴席上，他已极少讲话，微呈老态。然而以88岁的高龄尚能为科学事业而远涉重洋，精神至堪钦佩。同时，作为中国人，我们在钦佩之余，也不禁感到惭愧。何以一部论述中国科学与文明（及其在世界历史上的地位）的巨著，竟不是出自中国人之手，而有待于一位洋人。具有讽刺意义的是，"四人帮"中一位头头把这部书送给了另一位头头，泰然说，这可以使他们觉得扬眉吐气云云。"好汉不提当年勇"，更遑论提自己的老祖宗。况且准此而言，则自己的祖先连文字都还没有的黑非洲民族，岂不无地自容得就该蹈海以谢天下了吗？一个民族争气与否，是要看自己的，并不看老祖宗好坏如何。

三

先秦的诸子百家，都是真正中国本土的思想；中世纪以降的三教，只有佛教是域外的，但经历长期演化，也终于彻底本土化了。另外，历史上还有大量民间思想以及异端。这一切构成一个综合的文化统一体，其中并不存在以哪一家一派为代表的问题。历史文化不是一个出席联合国的代表团，不存在以某人为首席代表，某人为副代表的问题。韩文公离我们而去已经一千多年了，但是他遗留下来的道统观点却仿佛仍然盘踞在一些人的心灵里。陈寅恪先生是被出版社鉴定为"尚未摆脱传统士大夫思想影响"的[1]。但是陈先生却认为"自晋及今，言中国之思想，可以儒释道三教代表之"，又谓"三教说，要为不刊之论"[2]，可见他倒并没有狃于以儒家为代表的正统和道统的谬见。

古代中国本土的思想，司马谈论六家要旨列举了儒、道、墨、法、阴阳、名诸家。其间儒、墨曾并称为"显学"。然而后来墨家式微了，名家也式微了。有人认为逻辑学不发达乃是中国科学不发达的原因。其实，这种说法颇有点兜圈子之嫌，因为我们同样可以说，科学不发达乃是逻辑学不发达的原因。然则作为一门显学的，后来何以竟至式微？法林顿（B. Farrington）在他的《希腊科学》（*Greek Science*）一书中曾对希腊科学做过一种解说，他认为古代希腊的学术思想有两条平行的传统，一条是社会上层知识分子的，一条则是社会下层的工匠的。实际上恐怕世界上任何民族都有着这样两条传统，中国也不例外。墨家应该是属于社会下层的工匠的传统。这一传统因为不能登士大夫的大雅之堂，所以就日益沦于湮没不彰。但它却不可能绝灭，例如后来明清之际宋应星《天工开物》所总结的，便仍然属于这

[1]　陈寅恪：《寒柳堂集·出版说明》，上海：上海古籍出版社，1980，第1页。

[2]　陈寅恪：《金明馆丛稿二编》，1980，第251页。

一传统。至于法家和阴阳家，则很大程度上后来都被吸收进了儒家的体系，形成所谓外儒内法、王霸杂用以及五德终始的理论，等等。

在中国古代各家思想之中，争论最多、问题最为复杂的恐怕要数道家。道家在中国思想史的长河之中，和儒家同样的源远而又流长。但是道家思想却由于两个原因而弄得有点声名狼藉。一是道家是唯心主义。老子是否有半截的唯物主义，还在聚讼纷纭，但庄子却已一致同意是个不折不扣的主观唯心主义者，因此铁定无疑地是思想的恶棍了。二是老庄都代表着没落的奴隶主阶级的思想意识，因此自然都是罪在不赦的。这些在我们本土看来似乎是理所当然的结论，在"槛外人"李约瑟博士看来，却未必能同意。理论本身的正确与否是一回事，理论贡献的大小又是另一回事。一个说白马是马的人，当然是正确的，但大概是毫无价值可言；另一个说白马非马的人，当然是错误的，但却没有一部思想史可以轻易忽略他在理论思维上的贡献。

道家归本于自然，儒家归本于伦理，两种世界观是不同的。一个是彻底自然本位的，一个是彻底伦理本位的。在这一根本之点上，李约瑟博士认为，道家显然要比儒家高明，因为毕竟社会伦理只是自然界的一部分，是由自然界所派生的；而不是相反。子不语，怪力乱神；但是道家（以及民间的宗教和方术）却专门要和怪力乱神打交道。孔夫子罕言性命，以为性与天道不可得而闻，而道家所追究的正是性与天道。只有了解它们，才可以役使自然，应付人世和鬼神（假如有的话）。所以道家（以及民间宗教和方术——道家后来是和它们合流了的）是和科学相通的，两者都在追求着儒家圣贤所不肯或不屑去追求的宇宙的奥秘。因为毫不奇怪，在中国历史上，科学的起源和发展就是和道家（而不是和儒家）联系在一起的。不管过去和现在人们可以怎样评价儒家，但有一点是确凿无疑的，即儒家的伦理中心或伦理本位主义，把人伦实践摆在了首位，相形之下，一切知识都只能沦于为它服务的婢女地位。知识本身没有独立的价值，它只是为人伦或德行而服务。就这一点而言，儒家可以比之于西方中世纪的经院哲学，或者不如说，儒家是中国中世纪的经院哲学。中国中世纪以来，儒学是和功名利禄结合在一起的；西方近代以来，科学是和资本主义的财富结合在一起的。如果我们要从思想上去寻找中国没有能产生近代科学的原因，这一点似乎是不宜遗漏过去的。记得范文澜先生提出过一个论点，即儒家的一大历史功绩在于它使中国避免了宗教。然而是不是也可以从反面考虑一下这个问题：儒家那种过分重视伦理实践的精神，同时也就妨碍了科学的发展？在追求无限这一点上，科学和宗教二者是相同的或相通的。帕斯卡和牛顿都是显著的例子。

性与天道、宇宙的奥秘以及六合之外，儒家都是存而不论的，只有道家才有这种兴趣，要去追问："天地所以不坠不陷，风雨雷霆之故。"儒家的兴趣只限于生人——生人，这是"未知生，焉知死""未能事人，焉能事鬼"的着意所在——之间伦理关系。这和科学的倾向是背道而驰的。浮士德博士为了追求宇宙的奥秘，不惜把灵魂卖给魔鬼，终于窥见了象征宇宙的徽符；开普勒要追求神秘的和谐，发现了行星运动的定律，最后直到牛顿才仿佛是完成了那场圣多默式的探索——圣多默要亲手去摸耶稣手上的伤痕，要以人智去窥测神智——从而揭示了中世纪的神秘派所梦寐以求的那种 Sancta Simplicitus（神圣的简洁性）。在人类发展史上，科学和方术最初本来是夹杂在一起的。

关于儒道两家不同的社会背景，李约瑟博士提出一种解说：儒家代表封建官僚的统治，所以只关怀人际伦理关系，而道家则代表返于原始的平等、返于自然的倾向。儒家对于自然世界不感兴趣，所以没有发展出科学来，就是十分自然的。但另一方面，道家虽对自然世界深感兴趣，却又不相信理智和逻辑的力量；这一点就和西方由前苏格拉底的自然哲学之转入亚里士多德和亚历山大港学派所采取的途径截然不同了。西方思想史上既没有和儒家相当的思潮，在顽固地拒绝研究客观世界；同时也没有与道家相当的思潮，对理智和逻辑采取鄙弃的态度。而科学发展的必要条件，正是对自然的兴趣与理智和逻辑相结合。这里李约瑟博士对中国科学的难产做了解释，但他并没有论及另一个相关的问题。我试图用简单的三言两语来补充一下。记得几十年前，我们一辈人是青年学生时，初读中国哲学最感到惶惑不解的（当然也是最强烈的印象），莫过于中国古人何以总是要以比喻来代替论证。如"性，犹水也"或"性，犹杞柳也"之类。为什么他们不能采用严谨的逻辑，直接推导出自己的结论来？比喻能够代替论证吗？大概当时我们那一辈青年头脑里先入为主地是以欧几里得和笛卡尔为准的。后来逐渐体会到中国古人大抵是诗意的，他们偏爱具体的形象有甚于抽象的概念；他们的思维方式是一种诗情的领悟，而非一种合理的推导。"我思故我在"固然是一种思维方式；"逝者如斯夫，不舍昼夜"也是一种思想方式。李约瑟博士是极为欣赏中国思想中的"有机主义的"和"辩证的"成分的，不知他是否也在这种思想方式中发现了它们。

无论如何，李约瑟博士以为在西方思想中找不到与道家综合体相当的、类似的或平行的现象。如果我们能对此找出一个满意的答案来，或许中西文化机制之不同的问题，大部分就可以得到解答。尽管从古希腊的毕达哥拉斯的数论派直到18世纪自然主义的神秘诗人布莱克都可以说有着强烈的道家色彩，李约瑟甚至疑心布莱克曾经读过道家的著作。李约瑟还提到：众所周知，殷铎泽（Intorcetta）、柏应理（Couplet）1687年在西方出版的《中国哲学家孔子》曾激起西方思想界的重大反响。倘若当时被介绍给西方的不是儒家学说而是道家学说，则其影响又该会怎样不同。我自己时常想，这个问题倒是更有资格反过来问：假如当时由西方传入中国的学术思想，并非利玛窦等人所介绍的中世纪的世界观和世界图像以及神学的思维方法——作者书中明确指出，利玛窦等人的世界观，要大大落后于当时中国人的世界观——而是伽利略以来的近代科学和培根、笛卡尔以来的近代世界观和近代思维方法，那对中国思想将会产生怎样更加大得无比的冲击和影响。这固然只是历史的假设，但是思想起来却不能不使今天的读者感到十分遗憾。

近代科学在西方之脱颖而出，曾得力于神秘主义的帮助，这和道家有相似之处；而且它那思想发展的脉络在以下三点上，也大致与道家相符：（一）它承继了犬儒学派和斯多葛派的反文明生活的倾向；（二）它吸取了基督教的人类堕落论；（三）它又受到 18 世纪 "返于自然" 的理想的鼓舞。这三种思想因素恰好也就是道家思想的组成部分。至于其中所浓烈浸染着的对原始集体主义生活的憧憬，我们可以从它们双方各自所描绘的理想国之中，发现它们间有着惊人的类似之处。老子《道德经》第八十章中描写的理想国是："小国寡民，使有什伯之器而不用，使民重死而不远徙。虽有舟舆，无所乘之；虽有甲兵，无所陈之；使人复结绳而用之。甘其食，美其服，安其居，乐其俗。邻国相望，鸡犬之声相闻，民至老死不相往来。" 这段话我们可以几乎同样地见于维吉尔《牧歌诗》的第四篇，以及莎士比亚《暴风雨》的第二幕第一场。

维吉尔《牧歌诗》第四篇《黄金时代的再来》是说：

" 'Ipre mari vector, nec nautical pinus/mutabit merces ; omnis feret tellus' . (Even the trader forsake the sea, and pinewood ships will cease to carry merchandise for barter, eaeh land producing all its needs.)" [1]

《暴风雨》中的描写则是：

"I'm the common wealth I would by contraties/

---

[1] E. Rieu Eng : tr. Penguin Books, 1954, P. 55.

Execute all things ; for no kind of traffie/Would I admit, no name of magistrate ; /Letters should not be known ; riches, poverty, /And use of service, none, contract, succession. /Bourn, bound of land, tilth, vineyard, none ; /No use of metal, corn, wine, or oil ; /No occupation ; all men idle, all ; /And women too, but innocent and pure ; /No sovereignty."

这些话和老了字句之雷同，简直若合符契，当然维吉尔和莎士比亚都不曾读过老子。

道家思想虽然培育了中国科学，然而使人感到不解的是，道家却又对于知识采取了一种深刻的"绝圣弃智"的态度。这岂不是和科学精神背道而驰吗？作者认为这就涉及科学与民主二者之间的内在联系问题。在古希腊，科学的兴起是和希腊城邦的民主政治密切相关的。因为在一个平等的社会之中，必须靠一种为人们所公认的普遍化的思维方式和推论方式才能说服别人。这一思想要求，正是使得科学成其为科学的最本质的条件——无论是在古希腊的公民社会，还是在古中国的农民社会。但，问题的症结是否如此呢？确实，古代科学和古代城邦民主是共同成长的，而近代科学又是和近代民主比肩前进的。但究竟这两者有什么内在的联系呢？行文至此，又使我回忆起一桩往事。还是1942年或 1943 年，"二战"方酣，我听几位西南联大的老师讲科学和民主的问题。记得华罗庚先生说：德国科学不可谓不发达，可是纳粹德国并没有民主，可见一个专制政体也不是不能有科学。所以光有科学是不够的，还得要有民主。而曾昭抡先生则说：德国科学很发达，但纳粹政权不民主，就必然要损害科学的发展，科学和民主是同一回事的两个方面。两位先生的前提是相同的（德国科学发达而政治不民主），结论也是相同的（所以既需要有科学，又需要有民主），但立论却不相同（科学和民主是一回事，不是两回事）。这好像是，不但对同一个问题可以有相反的答案；而且同一个答案，也可以有不同的立论方式。

李约瑟博士写此书时，已是战后的 50 年代（20 世纪）中期。他的解答是：自然界对任何人都是一视同仁的，不分年龄、性别、身份、地位、思想、信仰等等。古代的道家已经认识到：暴力或专制对于真理是无所用其伎俩的，不论王侯或圣贤都无法阻止或改变自然之道，自然本身对高贵者和卑贱者一律平等。这就是道家"无为"的要义：任其自然，就是无为；违反自然，就是为。圣、智是为，绝圣弃智则是无为。

除了思想的条件之外，科学的发展还需要一个物质的条件，即学者和工匠双方之间的联系。儒家是士大夫，故而是远离工匠的，而道家则有似于前苏格拉底的自然哲学家，始终和工匠的传统保持着密切的联系。有名的道家，如葛洪和陶弘景等人，都是抛弃儒家官僚士大夫的传统并有着深刻的自然实践知识的学者。真正奠定中国古代科学和科学思想传统的是道家，道家在政治上又正是中国古代反封建的平等理想的继承人——这一点绝非偶然。

四

道家一方面吸收了工匠的传统，另一方面也吸收了古代方士和巫术的传统。后一传统属于民间宗教。从比较历史和比较宗教的角度来看，这本来是世界历史上普遍性的现象。迄至 16 世纪，自然科学在西方还被通称为"自然魔术"。开普勒本人就是一位占星家，马洛（C. Marlowe）笔下的浮士德则把灵魂卖给了魔鬼。所以牛顿被凯恩斯（J. M. Keynes）称为"最后的一位魔法师"，并非是全无道理的。要直到 17 世纪，近代科学才宣告脱离巫术而独立，但科学在中国却始终没有能走到这一步。李约瑟博士认为这个事实可以帮助我们理解，何以道家思想后来与巫术合流而形成道教。可惜道教作为宗教的这一面，被研究者们忽略了，道家的巫术被单纯看作迷信，而道家的哲学则又被当成宗教神秘主义与诗意的结合。几乎所有的研究者都没有能正视道家的原型科学（proto-science）的那一方面及其政治含义，这实在是中国思想史研究的一个极大的不幸。无论儒家或法家都是维护封建体制的，只有道家是猛烈反抗封建体制的。认识到这一点，才可以更好地理解道家的科学精神与民主精神之间的关系。至于道家的原型科学其后未能充分开花结果，那原因与其求之于儒家过分强调伦理实用的态度，倒不如求之于封建官僚体制的束缚。作者这一论点的真实性如何，容有争论，但无论如何它提供了一种有价值的思考，即人们应该怎样去重新认识和评价道家的历史地位和作用。

事实上，古代中国的和东方的化学、矿物学、生物学、医药学，全都源出于古代道家。它们之所以未能上升到近代科学，从技术上说则是由于：1.道家的实验方法始终未能明确地规范化；2.道家对自然的观察始终未能系统化（例如，亚里士多德式的分类化）。名、墨两家本来都有着非常有用的科学成分和思想方法，但是道家并没有能加以吸收并从而创造出一套科学的概念和方法来。因此尽管道家对于事物变化的普遍性有着其深刻的洞见，但他们本身却也未能逃避这一变化的规律。

他们终于由自然主义转入了神秘主义，由原型科学转入了巫术，而且（与此相关）由集体主义转入了个人得救。对此，作者引了 Antoinede Rivarol 的一段名言：

"历史告诉我们：凡是宗教与野蛮混杂在一起时，总是宗教获胜；而凡是野蛮与哲学混杂在一起时，却总是野蛮得胜。"

另一个人们自然会要问到的问题是：中古盛世历来号称汉、唐，然而何以在科学及其思想的创造性上，汉唐却上不如先秦，下不如两宋？作者书中试图做出这样一种解答：封建官僚制的功名利禄使得学术思想日益流于空疏的形式主义，以至于先秦儒家的优点日益旧没。汉代以后，儒家沿着两条路径分化：一条是走向理性主义的怀疑论（如王充），另一条则是走向与道家、阴阳家相结合的神秘体系（如谶纬）。

李约瑟博士在科学思想上是主张有机主义的。而他恰好在道家中（而后又在道学中），发现了他所最为心仪的有机主义。道学（或理学）虽然被称为"新儒学"（Neo-Confucianism），然而其中最有价值的那部分思想，即有机主义的思想，却是来源于道家而非儒家。他引了道家著作中记载一个偃师工匠制造机器人的故事（李商隐诗："不须看尽鱼龙戏，终遣君王怒偃师"），并说，这个故事实际上只是对生命现象给予一种自然主义的解释。这里应该注意的是，当时对无机和有机世界的科学还没有发展出来，所以在机械主义和有机主义之间也还不能有明确的界限。这个故事的实质只在于说明，道家认为人们对微观世界不应该加以有意识的控导。如果说，儒家的伦理义务必须有待于主观意识的领悟，那么，道家的道则否。道家要求的是返于自然状态中那种自然而然的合作，亦即原始的集体主义。道家的"混沌"就是社会自发的一致性。

由于作者推崇有机主义，所以对朱熹的思想就倾向于评价甚高。在当代，冯友兰先生是把朱熹哲学解说成新实在主义的，大多数学者的见解认为它是客观唯心主义。李约瑟博士却别有会心，并且明白指出它就是怀特海那种通体相关的哲学〔这里我借用一个30年代（20世纪）的旧中文译名〕。他以为科学的发展有两个不同的路径（或阶段），一为机械主义的，一为有机主义的（而且在他的心目之中，就是怀特海的有机主义）。机械主义已经成为过去了；展望未来，科学将是采取有机主义的途径。与我们国内数十年来的一般评价不同，作者特别推崇朱熹，因为朱熹的思想不是机械主义的，而正是（至少作者认为是）怀特海式的有机主义。记得贺麟先生曾以朱熹太极和黑格尔的绝对理念做过比较[1]，也有人把朱熹比作中国的托马斯·阿奎那（我个人比较同意这种看法）。李约瑟博士则以为朱熹是上承中国全部有机联系的思维方式的传统，下启17世纪的莱布尼茨。这是不是一个过高的评价，有待读者们去判断。至于作者全书自始至终洋溢着对有机主义的向往之情，则对任何读者都会是灼然无疑的。

五

中国的科学和文明在古代和中世纪的世界历史上，曾长期居于领先地位，本书于此做了大量的说明。古代大概只有希腊和印度，可以和中国相比；中世纪或许只有阿拉伯或可望其项背。但自从文艺复兴以来，西方的科学和思想大踏步前进，相形之下，中国便日益显示出其落后——其故安在？这实在是历史学中一个最值得探讨的问题，而本书却没有对它给出一个明确的正式答案。也许这个问题也像许多其他类似的历史学或哲学问题一样，是一个永远的问题（perennial issue），是

---

[1] 严复是把"庶因"、Being，亦即存在，译作太极的。——作者注

永远不会有最后答案的。

有人把问题归结为：中国科学长于实用技术而短于理论思辨。所以中国历史上的科学贡献就以实用方面的居多（如"四大发明"），而理论思维（如欧几里得几何或牛顿的体系）则甚少。这或许是中国未能产生近代科学体系的原因。这种办法就把一个历史问题转化成了一个逻辑问题。中国在文明史中都曾贡献过什么，这是一个历史问题；中国人是不是长于或短于某种思维方式则是一个逻辑问题了。几何学是希腊人（更早是埃及人）的天才的贡献，表明了希腊人确实是长于抽象思维的，但是我们没有理由因此就说，别的民族是拙于几何学的思维方式的。近代西方曾有笛卡尔、斯宾诺莎和罗巴切夫斯基，近代中国也有徐光启和康有为，他们都曾经以严格的几何方式进行思维。几何学起源于希腊，这是一个历史事实，但我们绝不能就此推论其他民族（例如中国人）是拙于几何思维的。这里唯一的差异只是事实的先后，并不是逻辑能力如何。其实，近代中国史上的所谓中学、西学之别，在很大程度上似亦可作如是观。

本书最后、最大的一章乃是作者的结论所在，它大概也是对思想史研究最富有启发性的一章。这一章的主题是比较中西双方自然法则的观念。法则这个关键的字是 law，中译文可以是法、法律、定律、规律，不同的译名在含义上有着若干出入，从而在思想推论的过程中，译文便缺少了原文那样顺理成章的说服力了。我们的思路便必须频繁地从一个轨道跳到另一个轨道上来。这是语言影响到思维的一例。又如 nature 一词及其衍化的形容词 natural，中文可以是自然、性质、天然、自然的、天赋的、天然的，自然既是物性又是人性；说凡是自然的都是人性的，这种推论在西方是根据定义直接得出的，在中文便很难成立。中国人很难承认：自然是不可抗拒的，因此人性就是天赋的或自然的。反之，中国人强调的倒是要克制人性返于天理。我以为由于这个原因，本章的论点对中国读者似乎呈现出一些特殊的困难。

本章的主旨——假如我对本章的理解没有大错的话——是要说，自从古希腊起西方就有了法的观念，法既是自然的，也是人文的。后来，就从这个概念里衍生出来了"自然律"。中国文明中虽然有人文法的观念，但始终没有形成自然法的观念。我们记得近代思想与思想方法的开山祖师笛卡尔说过："世界是被铁的（自然）法则所统制着的，即使是上帝也将要服从这个铁的法则。"这种自然律的观念是中国所没有的；中国虽然也承认，普遍的天道不为尧存，不为桀亡，但它指的并不是近代意义的"自然律"。"自然律"的观念之未能在中国思想上出现，似乎至少可以部分地解释中国之所以没有产生近代科学的原因。作为一个读者，我对他这篇宏文的论点感到美中不足的是：他这里只是就思维的逻辑条件立论，而没有具体说明之所以呈现这一幕思想特点的历史背景和历史环节都是怎样的。不过这或许是一种苛求了。

六

最后，我仍想以回忆两件小小的往事作为本文的结束。三十年前，我曾向我国治科学史的权威学者钱宝琮先生请教过一个问题：从哥白尼到伽利略到牛顿的模式，是不是科学发展的唯一模式；更具体地说，中国科学如果要发展，是不是也必须走这条道路？钱先生以十分肯定的口气回答说："是的，这是唯一的道路，中国科学也必须走这条道路。"前几年我又曾以类似的问题问过美国的科学史家席文教授，并问他中国科学在历史上有没有可能摸索出一条她自己的（不同于哥—伽—牛的，例如李约瑟所谓有机主义的）道路而达到近代科学的高度。席文教授的答复是，这个问题带有太大的假设性质，很难给出一个确切的答案。不久之后，在青岛的一次会上遇到中国科学院科学史研究所杜石然兄，我又问过他大致同样的问题：假如一个病人向一个西医求医，西医可以用一套办法治病，把病治好。我们应该说，西医是科学的。假如他向一个中医求治，中医要以另一套完全不同于西医的办法，同样地把病治好。我们应该说，中医同样也是科学的。现在，把这个问题扩大一下：近代科学在西方是由哥—伽—牛这条路走过来的。中国科学有没有可能走完全另一条她自己的道路，而同样达到近代的高度？杜石然兄答道：完全有可能。——不过，现在的情况是，既然西方已经早着先鞭，中国就只有走西方前人已走过的路，而没有必要（或可能）再去另外摸索了。

对这个问题的答案如何，实际上涉及对中国科学与思想应该怎样评价的问题——是它没有优越性呢，还是有优越性尚未发挥出来呢？当然，这个问题带有太强烈的假设性质，严格说来超出了历史学研究的范围。还是40年代（20世纪）之初，我做学生在向达老师的班上上课，向先生讲起中西交通史来，历历如数家珍，他特别强调中世纪中国的思想和文化所受到印度的极大影响。当时自己曾贸然问他：如无印度的影响，中国文化将是什么样子呢？向先生答道：历史当其成为过去以后，再回过头去看，就是定命的了。多年来，每当读史书而发奇想时，总不免记起向先生这一非常之巧妙的答案，那巧妙得宛如一件完美无瑕的艺术品。

过去的文化并没有死去，而是就活在我们今天的文化之中。欧几里得几何学仍然具有其不朽的理论的和实用的价值。中国古代的特别是道家的思想，是不是能重新焕发出它的光辉，并给我们以新的启迪和智慧呢？如果现代科学确实有如作者所论断的，正由机械主义步入有机主义，我们古老的历史遗惠之中有没有什么东西是可以对世界文明做出更大的贡献的呢？这一祈向肯定是构成作者本书的基本母题之一。

近两年来，因为参与科学史研究所译校本书第二卷的工作，有机会重新翻阅它。若按一部眉目分明、条理井然的教科书来要求，本书大概不免于杂芜、凌乱和比例失调之讥。但是任何一个读者如肯耐心跟随作者走完中国思想史的全程，他一定随处都会发现有晶莹夺目的矿石，他一定会觉得自己是如入宝山，绝不会空手而还的。

原载《读书》1989年第11期

自然权利的观念与文化传统

◇ 在中国传统里，思想的或艺术的活动，其价值大抵都不在其本身——追求真理或追求永恒的美之类，例如诗人济慈所标榜的"一件美的事物是一种永恒的欢愉"，或者王尔德所标榜的"为艺术而艺术"，等等。为真理而真理和为艺术而艺术的观点，从来不曾在中国思想文化史上成为主潮。

◇ 人性（human nature）也是自然（nature）的一部分，因而也就当然是自然的（natural）或天赋的；因此凡是属于人性的即当然地是自然权利，人天然地（自然地）就有权享有属于人性的一切——这一推论在逻辑上以及政治上都只是自然而然的，或者说，是自明的、不言而喻的，但是它却必然会成为与存天理、灭人欲针锋相对的反题。自然律的观念的确立和自然权利观念的形成，两者之间存在着一种自然的或天然的同盟关系。

◇ 圣人制作和名教统治都不是什么垂宪万世的东西；永恒不变的只有个人的天赋人权或自然权利。

◇ 人是生而具有平等的权利的，因而是生来就享有自由的；这些权利是自然所赋予的（天赋的），不分等级高下。

◇ 从"戊戌"到"辛亥"到"五四"，中国思想的近代化［不是现代化，现代应该是后－近代（post-modern）］曲折漫长，原因之一在于传统的束缚力量太大，正统的儒家和新儒家（道学家）大多都是等级制和身份制的拥护者；因此要完成一场由中世纪到近代的过渡，亦即一场"从身份到契约"的转变，把人从森严的等级制的禁锢之下解放出来成为像飞鸟一样的自由人，那就需要用一种强而有力的武器冲击正统的思想体系。自然权利观念的高扬和打倒孔家店的实践，乃是理论的需要，也是历史的必然。五四运动的使命虽然是要完成一场"从身份到契约"的历史变革大业，但它的缺陷却在于没有能处理好对待历史文化传统这一非常复杂的问题。

◇ 自然权利观念未能很好地本土化，这是中国思想未能成功地近代化的原因之一，它未能使自己适应于本土的物质环境和条件，所以尽管五四运动响应了历史发展的要求，但它毕竟未能完成它的历史使命，一个高度科学化与高度民主化的近代社会并没有能建立起来。完成本民族的历史使命，是不可能靠简单搬运外来的现成观念和思想的。

◇ 中国不可能也不应该自外于人类历史发展的总潮流和总趋势，但她却必须是通过她自己的独特的道路而加入到这个普遍的历史潮流之中去的。

◇ 由个人出发，故而贯穿着西方自然权利的代言人们的理论的那条中心线索是个人与集体的对立，他们时时处处所关注的是要防止集体侵犯个人权利。个人权利是目的，集体只是为此目的服务的手段。

"五四"时期的新文化运动，尽管带有许多严重的缺点，终究不失为近代思想史上划时代的一次启蒙。陈独秀作为它的杰出的代言人，曾经不止一次地提到：深刻影响人类近代文明"最足以变古之道，而使人心社会划然一新者"有三件大事，其中之一就是法国大革命及其人权的观念[1]。我们今天可以说是仍然在继承着"五四"科学与民主的传统，在完成它的未竟之业；但自然是在更高一层的意义上，因而也就包括对"五四"时期一些基本论点的再认识和重新评价。

一

1789 年法国的《人权宣言》序言宣称："无视、蔑

---

[1] 陈独秀：《法兰西人与近世文明》，《新青年》一卷一号。

视和蹂躏人权，是社会灾难和政治腐化的唯一根源。"因此，法国国民会议要"庄严宣布自然的、不可转让的神圣的人权"，并建立一套"简单的、无可争议的原则"[1]。所谓自然的权利，即天然的权利，清末以来的旧译是天赋人权，这一译法长期以来在我国被人们所沿用。《人权宣言》开宗明义第一条是："人在权利上是生而自由平等的，并且永远是自由平等的"[2]。第二条是："一切政治组织的目的都在于保障自然的、不可侵犯的人权。这些权利是自由权、财产权、安全权和抵抗压迫之权"[3]。第三条则规定主权在民，一切个人和团体的权力都直接来自人民。

前此十三年，即1776年，美国革命的《独立宣言》序言宣告：独立乃是"自然的法律和（主宰）自然的上帝的法律要求他们尊重人类意见"[4]的结果。《独立宣言》正文开宗明义说："我们认为这些真理是自明的（不言而喻的）：人是生而平等的，他们被造物主赋予

---

[1] J. Robinsoned : *Readings in European History*，Boston，Ginn&co.，1934，Vol.12，P. 409.

[2][3] *Ibid.*

[4] Carl Becker: *Declaration of Independence*，New York，Vintage Books，1958，P. 5ff.

了不可离弃的（inalienable，不可转让的）权利，其中是：生命权、自由权和追求幸福之权"；而且"任何政府破坏了这些目的，人民就有权改变它或消灭它，另外建立新的政府"[1]。当时北美各个州的权利宣言（如弗吉尼亚州），内容都大抵相同。

再前此 14 年，即 1762 年，最能代表"18 世纪哲学家的天城"[2] 理想的卢梭在他的《社会契约论》中就正式提出了：人生而自由、主权在民，它是不可剥夺、不可转让、不可摧毁的，如果自由被强权所剥夺，那么被剥夺了自由的人民就有权重新夺回自己的自由[3]。由此上溯到洛克和霍布斯以前，自从新教革命以来，各派新教就都在追求着一种信仰上的天赋人权（或自然权利）。因此，马丁·路德宗教改革的第一件大事就是把《圣经》译成现代口语，撇开教权与教阶制的垄断而直接诉诸个人的内心，使每个人都能与上帝的真理直接相通。这叫作每个人都能有按照自己的方式崇释上帝之权。再由此上溯，某些近代自然权利的观点还可以在古

[1] J. Robinsoned：*Readings in European History*，Boston，Ginn&co.，1934，Vol.12，P. 409.

[2] Carl Becker：*The Heavenly City of the Eigteenth-Century Philosophers*，Yale Univ. Pr.，1971.

[3] C. E. Vaughan：*Political Writing of Rousseau：Du Contrat Social*，Pt. 1.

希腊的智者中间找到它们的萌芽。

"五四"时期的人并没有能够进一步探索：这种在西方由美、法革命所集中体现的自然权利的观念，在传统的中国是不是存在？如果存在，是采取什么形态？又是什么程度？如果不存在，那么中国是不是也有她自己的独特的自然权利观念？这或许是今天的研究者所应该回答的问题。从历史角度对这个问题的回答，应该包括社会根源和思想根源两方面的考察在内。本文只是试图在最肤浅的层次上，初步触及这个问题的一些枝节，深入地全面地研究，有待于更多的同行学者。

二

17、18世纪所形成的近代西方的自然权利观念，被介绍到中国来是在19世纪末20世纪初。但是正如许多西方思想的起源可以上溯到古希腊，中国本土的许多思想的起源可以上溯至先秦。孔夫子提倡的仁政，仁政的基础是人，这就从正面肯定了人的价值。孟子说过"民为贵""君为轻"，从而为中国后世民主思想提供了重要的理论依据。孔孟虽然未用人权字样，但已明确提出了以人作为一个基本的价值尺度。道家讲无为，无为的理论根据是人的自然性和人本身的价值。在某种意义上，这些思想都包括有人文主义的因素。这一人本思想的传统对中国的影响是至深且巨的，乃至后世的一些帝王也都承认人民的生存权在国家政治生活中的重要性。

文艺复兴是西方文化史上的一个转折点，新的时代精神是人文主义的勃兴。在稍后一个多世纪以后的中国的明清之际，我们也看到有某些类似的过程。在明清的一些民主性思想中，渲染着鲜明的近代意义的人文主义的倾向。黄宗羲、唐甄等人的政治理论就把国家看作人与人之间的一种相互关系，而并非某种神秘色彩的天命。这个人与人的关系在本质上乃是契约的，而非身份的。《明夷待访录》时间上早于卢梭《社会契约论》将近一个世纪。

黄宗羲所指出的不是君权神圣而是人类自私心的神圣，这是对中世纪神权与皇权理论的公开反叛。他把人民视为主人，把君主视为仆人，甚而把君主说成是人民的灾难。他认为统治者与被统治者之间的关系乃是或者应该是基于相互同意的协作关系。唐甄的凡君主皆大盗[1]的命题，实际上是说君权窃取了或剥夺了本来是属于人民的天然权利。正是由于肯定人民的自然权利，他

---

[1]　唐甄：《潜书·室语》。

才特别强调"情"的地位。"情"实质上是自然权利对神圣戒律（天理）的一种抗议。他提出：平等就是人人各遂其情[1]。

除了上面所提到的中西双方在自然权利观念上的平行而又同步的发展而外，其间却也存在着不容忽视的差异。首先，中国思想有着由中国社会的特点所规定的特点。中国社会有着一个源远流长的宗法传统，这一点在语言学上，可以从血缘关系的名分和称谓之中鲜明地反映出来。因而在理论化的工作上，西方常常倾向于以个人为基本粒子（或莱布尼茨式的单子），这样的一个原子是真正的"莫破"[2]，是最后的实体，在这个基础上构造出社会和社会关系。反之，在中国则往往是从团体或集体出发而构思。团体或集体才是最后的真实或实质，个体在其中并没有独立地存在和价值。他的存在和价值，首先而且主要的是在于作为这个集体的一员，而不是在于他本身的内在尊严和意义。他的存在和价值是由集体中派生的，而不是先天给定的、不可剥夺的。他的人格只能从属于或者融解在一个更大的集体生命之中，

[1] 唐甄：《潜书·室语》。

[2] 原子 atom 一词语出希腊文，a 是"不"，tom 是"分裂"，严复译莫破。——编者注

并从其中得出他本身的生命权和自由权，即生命和意义。故而在信仰上，西方宗教追求的是个人的不朽，而在中国，这一点却从来就不那么强烈，因为他有一个强大得多的集体生命（例如家族或家庭），个体生命只是由于从属这个更大的集体生命才获得他自己的价值。他首先要实现的并非他个人内在的目的或价值，而是他的家族或集体的目的或价值，和康德的基本命题"有理性的生命（人）绝非仅仅是工具，而且同时他本身就是目的"[1]相反，似乎只有"有理性的生命（人）其本身绝非是目的，而仅仅是一种工具"才更能符合中国历史与中国传统思想的实际。因此之故，康德强调道德的自律，而中国伦理道德的精义则在于他律。例如，非礼勿视，这是一种他律或外律；君为臣纲，也是一种他律，是一种社会的外在约束力量。即使是强调自利、反对专制的黄宗羲，他的出发点仍是"天下之利"，仍是就人际关系而立论，而并非是像卢梭或《人权宣言》那种意义上的个人内在的天赋的、不可或缺的而又不可转让的自然权利。这里包含着一种基本价值观念的分歧，它也表现在思想意识的其他领域。

---

[1] Kant, *Grundlegung zur Metaphysik der Sitten*, Leipzig, P. Reclam, 1940, P. 70.

与此相关的是，在中国传统里，思想的或艺术的活动，其价值大抵都不在其本身——追求真理或追求永恒的美之类，例如诗人济慈所标榜的"一件美的事物是一种永恒的欢愉"，或者王尔德所标榜的"为艺术而艺术"，等等。为真理而真理和为艺术而艺术的观点，从来不曾在中国思想文化史上成为主潮。当托尔斯泰在他的《艺术论》中提出评判艺术品的尺度是伦理的价值和功能时，他曾使得许多西方读者都为之惊奇不解。其实，他只不过说出了东方视之为理所当然的事。笛福笔下的荒岛上的英雄鲁滨逊，用中国的传统尺度，一点也不配成为什么可赞美的题材，他的个人奋斗并没有尽任何人伦或人与人之间关系的理想。苏武固然也是孑然一身在冰天雪地之中独自奋斗了19年，但他不是独立于人际关系之外的，他是在完成忠君爱国的伦理理想。他之所以是可赞美的，正因为尽了他的人伦。歌德笔下的少年维特不能成为中国传统文艺的理想模型，因为他也没有能尽任何人伦。通俗小说中英雄的结局，一定要博得封妻荫子，光宗耀祖。就连贾宝玉出家，也得要事先蓝田种玉而且高中乡魁，做到忠孝两全，然后才有资格了却尘缘。否则，就通不过中国人的世界观这一关。这不仅是作者个人的局限，还有着整个民族文化的深厚背景。而在洛克、卢梭和美、法革命的思想理论家那里，首先是个人与集体双方之间的契约，然后在保证个人的自然权利不受侵犯的前提条件下，才谈得到尽任何社会义务。只要这个原始的契约一旦遭到破坏，每个个人就都立刻回到自然状态。在中国的传统文化里，很少有什么思想体系是建立在以个人为单子的基础之上的。相对说来，老庄最为重视个人的地位，但是他们的立场仍然并非以单子式的个人为前提，而是先假定有一个超个人的伦理社会网络，个人只不过要逃避这个网络或枷锁而已。在古代中国并没有原子论，中世纪以降，我们几乎找不到任何一家思想是以一种明确无误的方式根据个人的不可剥夺的权利在立论的。即使为个人的权利辩护，也只能是出之以经院哲学说经的形式，即引经据典，而不是根据"自明的真理"，即自然权利。下迄 19世纪末，康有为变法，在理论上仍须乞灵于古代圣人的微言大义，而非近代个人的天赋人权。这或许是传统中国与近代西方两种文化精神最为不同的所在。西方的权利观诉之于自然原则，中国的权利观诉之于权威原则。与此相应，两种不同的思路就分别是：集体的价值取决于它对个人所贡献的服务和个人的价值取决于他对集体所贡献的服务。

中国近代历史发展就出现了那么多的曲折，它们都可以联系到这样一种思想斗争：在中国近代化的过程中，个人的觉醒与自然权利的自觉注定了要和传统的超个人的集体意识发生严重的冲突。基于个人自然权利的思想体系，很难和基于超个人的集体的思想体系互相调和一致，中国既然步入近代，就不可避免地在某种程度上要接触和接受西方的思想论证和价值观念（例如源于西方的各种主义），但是它们之能被接受，却又必然只能是纳入中国的思想轨道。他们口头上或字面上所移植的东西必须在实质上适应于传统文化中根深蒂固的精神才能生根并成长。这一点并不能一蹴而就，因而往往他们使用的名词是来源于近代的、西方的，而其内容实质在实践上却仍然是道地的传统中国的。要了解中国近代思想的秘密，或许我们应该在这里面去寻求解答。

其次应该提及的是，直到19世纪中叶，中国从来没有发生过一次科学革命，像16、17世纪西方所经历的那样，也并没有出现过严格意义上的近代科学。近代科学是左右近代思想与近代世界观的一个极其重要的因素。这一点在近代西方，从培根、笛卡尔到康德，到当代的罗素、维特根斯坦可以说莫不皆然。文化史上这一极其重要的因素，却似乎每每被治中国思想史者忽略过去了。近代科学，具体地说即牛顿体系，是19世纪60年代才被李善兰正式介绍给中国知识界的，尽管17世纪初徐光启已经酝酿着一条通向"自然哲学之数学原理"的道路了。近代科学的世界图像基本上是原子式的或单子式的，由此产生了自然的铁律的观念。笛卡尔认为，就是上帝也得服从自然律。这种铁的自然律的观念，以及上帝也必须服从铁的自然律的观念，在中国如果有的话，也从来没有占有过主导的地位。

人性（human nature）也是自然（nature）的一部分，因而也就当然是自然的（natural）或天赋的；因此凡是属于人性的即当然地是自然权利，人天然地（自然地）就有权享有属于人性的一切——这一推论在逻辑上以及政治上都只是自然而然的，或者说，是自明的、不言而喻的，但是它却必然会成为与存天理、灭人欲针锋相对的反题。自然律的观念的确立和自然权利观念的形成，两者之间存在着一种自然的或天然的同盟关系。然而在中国却始终没有出现过一种强而有力的、由自然科学所派生的自然律的观念，也没有形成与之相联系的自然权利的观念，从中看不到西方那种由不可变易的自然律过渡到无可置疑的自然权利的自然而然的逻辑推论。我们此处不能详论缺乏近代科学对近代中国思想所造成的严重后果，这里只是要说明：在社会观以及在自然观方面，中国的传统的背景都与近代西方迥乎不同。传统中国确实也有她自己的自然权利的观念和理论，但对这类权利之所以是天赋的或自然的，其论证大多是基于人道或人情（如不忍人之心、不忍人之政等等）立论，而不是和近代科学意义上的自然律的观念联系在一起的。

三

中国进入近代以后，不仅传统的社会机构逐步瓦解，而且也是在这个时候开始接触到了近代自然科学。也正是这个时候，从西方正式传来了自然权利的学说和国家契约的理论。进化论和天赋人权论为中国思想界在传统范围之外开辟了一个全新的视野，提供了一种全新的思想方法和一种全新的世界观。原来人类并不是沿着什么仁义道德、三纲五常的大道走过来的，而是通过物竞天择、适者生存的途径由猴子变来的。原来国家和政权并不是什么圣人制作的结果，而是自由的人民通过自由协议的契约的产物，是随时、随地、随意可以改变的。圣人制作和名教统治都不是什么垂宪万世的东西；永恒不变的只有个人的天赋人权或自然权利。毫无疑问，这在思想意识上，对传统封建宗法的专制制度及其理论提出了最尖锐的挑战。这是清末中学与西学之争或旧学与新学之争的基本内容之一。西学阵营的最高理想在于建立一个自由竞争的社会和一个代议制的政权。但是一种文化要和自己的传统进行彻底的决裂，这在理论上是难以自圆的，在实践上是做不到的。

严复译老赫胥黎的《天演论》于 1896 年问世，同时梁启超就在湖南时务堂宣扬"民权平等之说"[1]而被顽固派唾骂为非圣无法。其实梁启超当时还并没有真正接触到近代西方的思想理论，这从他编的《西学书目表》中可以验证。所谓的"民权平等之说"，来源有三：一为黄宗羲，一为康有为的公羊学，一为严译《天演论》，但是这些经过他的综合，已经足以成为《翼教丛编》保守派阵营的主要理论敌手。这次论战是传统君权等级制与带有近代色彩的民权平等之说二者在近代史上的第一次正面交锋。随后，张之洞的提法："知君臣之纲，则民权之说不可行"，而且只要"民权之说一倡"，就会造成"纪纲不行，大乱四起"[2]，则代表了正统派的观点。但又正由于正统派观点所代表的社会基础还没有彻底变化，所以这种观点基本上就得以长期保存了下来，尽管词句上略有改变。

严复大概是近代第一个正式输入自然权利观念的

---

[1] 参阅苏舆编《翼教丛编》有关部分。

[2] 张之洞：《劝学篇·正权》。

人，他正式提到人生而自由乃是真正天赋的，侵犯他人的自由是违反天理。于是，天赋的自由权就第一次被提高到等级制的纲常伦理之上。他大概也是第一个正面介绍了卢梭的尊民抑君之说[1]的人。当然，严、梁一辈人对西方自然权利观念的理解还只能是幼稚的、肤浅的，但是任何思想理论的发展都是由此阶段进步到深刻成熟的阶段的。这是一个必须经历的过程。这里还应该提到的一点是，他们的理论不仅是当时西学阵营的主要思想来源，而且也为而后的民主革命提供了若干重要的思想资料和思想来源。

中学、西学之争，在政治观念上就是君权神授与人权天赋之争，在文化观念上就是体用之争。关于所谓体用，代表当权派的最著名的提法是："中学为体，西学为用。"[2]类似的提法似乎最初应数冯桂芬所提出的"以中国之伦常名教为原本，辅以诸国富强之术"[3]，即主辅的关系。不过，这里似乎应联系到他们不同的时代背景：在早期新学派那里，这种要求西学微弱的呼声表示出他们对传统文化的怀疑和背离，而在张之洞那里，

---

[1] 《严复诗文集·辟韩》。

[2] 张之洞：《劝学篇·正权》。

[3] 冯桂芬：《校邠庐抗议》。

西学为用则是用以维护中学之体，是针对着非圣无法的民权平等之说而发的。两者的历史意义大异其趣，故此他的"中学为体，西学为用"才被严复讥之为非牛非马，严复甚至于还曾提出过"自由为体，民主为用"[1]的口号。

戊戌变法失败以后，梁启超写出了一系列的文章，宣扬西方思想，把霍布斯、卢梭、边沁等人介绍给中国。此时，他才正面提出：人是生而具有平等的权利的，因而是生来就享有自由的；这些权利是自然所赋予的（天赋的），不分等级高下。中国的知识界到了这时候，才正式跳出传统的思想轨道，开始采取另一种与传统迥然不同的思想方式和方法。一部分人才开始认为应该献身于个人自由的理想，而不是某种超个人的伦理理想，很多民主革命派的思想最初也是从严、梁等人那里得到启发的。基于自然权利观念的思想体系从此逐渐在知识界形成一种普遍公认的信条，这一时期的思想界代表人物如蔡元培、陈独秀等都曾多次宣扬过人权观念以及自由、平等、博爱的口号。目前年长的人大概都还清楚地记得，直到国民党的党化教育之前，这些口号在学校里、在出版物上已经正式取代了传统的纲常名教，作为

---

[1]《严复诗文集·原强》。

指导原则。再往上溯，在辛亥革命时期前后，确实也曾有一些人是认真信仰基于这种理论的代议政体，包括当时杰出的领袖如孙（中山）、黄（兴）、宋（教仁）等人。其中宋教仁还因为宣传议会政治和责任内阁而被袁世凯的刺客暗杀。这种从西方移植过来的自然权利观念，为什么在二三十年的时间里，竟没有能在中国的土地上生根和成长？那原因恐怕仍然应该求之于两个方面：一方面是中国缺乏适合的土壤，她的传统社会基础和结构惰性太大，任何思想体系不适应自己的基础的，就注定了不能成长；另一方面则是新的观念必须与传统相结合成为本土的，才能具有真正的生命力。这个结合或融会贯通的工作，严、梁一辈人虽也做了一些，但在草创时期不可能很成熟。随后，这个工作反而轻易地被忽略了。

如果说，前－近代的自然权利观念表现为传统的中国方式，那么就可以说到了近代它却越来越采取了现成的西方表现形式。辛亥革命直接采用了西方自然权利的理论作为基本的思想武器。邹容号召中国人民学习孟德斯鸠、卢梭和《独立宣言》，推翻君主专制，目的是使人人都能享受自己的天赋人权。陈天华号召 20 世纪的中国应该建立一个民主制的和文明的时代，重建人们天赋的自由和平等。这一时代精神具体的法典化，就表现为辛亥革命的《临时约法》，模仿美、法革命的原则要点在于肯定天赋的自由权并设计一种足以保证这种天赋自由权的国家和政府的形式。在某种意义上，它是近代化的知识分子的理想和热望的结晶。然而，当本土的条件不适于它的成长时，被移植过来的外来观念是不可能真正生存和持久的。当时的民主革命派对于本土的传统力量缺乏应有的认识和对策，所以袁世凯轻而易举地就把《临时约法》当成废纸一张。这正好说明徒法不足以自行，一种理论或理想的实现，需视当时当地的物质条件而定。从那个时期以后，中国也曾出现过不止一部宪法，每一部虽然也都冠冕堂皇地列举了一些公民的自由权利，但大都是一纸空文，从来没有兑现过。理解历史现实绝不能仅凭白纸黑字的条文。梅因的《古代法》，大概其中只有"从身份到契约"一语最为一般读者所熟悉；但他的另一个基本论点：任何体制，从它法典化的一开始，就是朝着破坏它自己的方向前进的，似乎更为深刻地道出了法律条文与历史现实之间关系的真相。

因此，自然权利虽然也就是孙中山"三民主义"中民权主义的理论依据，但那却是国民党的党化教育所从来不曾容许其实行的。从"戊戌"到"辛亥"到"五四"，中国思想的近代化［不是现代化，现代应该是后-近代（post-modern）］曲折漫长，原因之一在于传统的束缚力量太大，正统的儒家和新儒家（道学家）大多都是等级制和身份制的拥护者；因此要完成一场由中世纪到近代的过渡，亦即一场"从身份到契约"的转变，把人从森严的等级制的禁锢之下解放出来成为像飞鸟一样的自由人，那就需要用一种强而有力的武器冲击正统的思想体系。自然权利观念的高扬和打倒孔家店的实践，乃是理论的需要，也是历史的必然。五四运动的使命虽然是要完成一场"从身份到契约"的历史变革大业，但它的缺陷却在于没有能处理好对待历史文化传统这一非常复杂的问题。德先生、赛先生（科学和民主）理所当然地是，而且应该是"五四"的两面大旗，但是对待本民族的历史文化传统怎么办？批判地吸收或继承——怎样批判、扬弃、继承？又如何与外来的思潮相融合？这是一个非常复杂的现实与实践的问题，单凭一两句空洞的原则是解决不了的。我们不妨回顾一下中国历史上两次中外思想文化的交流。一次是印度佛教与佛学的输入，从东汉一直到唐代，前后经历了八九个世纪，才完成了它的本土化的过程。另一次是耶稣会士夹带着他们的西学东来，从明末到清中叶，前后经历了两个世纪，但除了天算知识在少数学者中间传授而外，它根本没有完成一个本土化的过程，因此在思想文化上的影响是微不足道的。自从1915年正式提了科学与人权两个口号以来，至今已经70年了，自然权利的观念似乎一直不曾认真地被人研究过，当然更谈不到与本民族文化的比较和融合。自然权利观念未能很好地本土化，这是中国思想未能成功地近代化的原因之一，它未能使自己适应于本土的物质环境和条件，所以尽管五四运动响应了历史发展的要求，但它毕竟未能完成它的历史使命，一个高度科学化与高度民主化的近代社会并没有能建立起来。完成本民族的历史使命，是不可能靠简单搬运外来的现成观念和思想的。

另一点值得记取的，是近代中国民族危亡的紧迫感，成为压倒一切的中心课题，并对一切思想留下了深刻的烙印，这一点，一般说来，对于古代或西方的自然权利观念是并不作为背景存在的。戊戌变法维新的目的是救亡图存。五四运动则是以反对巴黎和会把德国特权转让给日本而直接爆发的。"一二·九"是全民族抗日战争的序幕，随后的民主运动要求结束国民党的法西斯一党专政，也是着眼于更紧迫的抗日战争的需要而提出的。自然权利的观念是近代（前－现代）民主运动的理论基石，但一切中国近代民主运动的直接目标却更多的不在人权而在救亡。这是自然权利的观念在中国与在西方不同的历史背景。在近代中国总是受着一个更迫切、更重要的集体的目标——民族生存——所制约，因而它的着眼点就更多的不是个人而是集体。这一点又恰恰能够更好地符合中国民族文化传统，即轻个人而重集体，个人永远从属于集体之下。这里的论证方式大致是：给人民以他们的自然权利，国家就能够独立富强。这里，人权是手段，并不是目的。因此，归根到底，它仍然不是真正西方意义上的天赋权利，它并不具有其内在的、不可剥夺的、不可转让的独立价值，它只是一种方便的手段，换句话说，它并不构成最终的价值实体，并由之而构造起一套价值体系。近代西方的自然权利所针对的是剥夺了他们这种权利的旧制度（Ancient Régime），其目的则是如卢梭所说的，要夺回自己天然的权利。在近代中国，自然权利仍然是在为一个更高的目的服务，故而就不是西方原来那种意义上的自然权利。自然权利与救亡图存两者虽不必互相排斥，但毕竟前者被当作后者的一种工具或手段，成为充其量也只是第二位的、从属的东西。集体的生存仍然压倒了个人的权利。

透过这样一个漫长时期的历史网络的背景来观察，似乎有助于理解自然权利观念在中国的特点及其复杂性。西方的看法是把个人当作单子，中国的看法则是把个人当作细胞。但有一点是古今中外所共同的，即在紧急状态（例如战争）需要时，个人权利是要受到侵犯或限制的。只不过，由于近代中国历史的特殊性，非常状态的东西反倒成了常态而已。统治者是惯于用各种紧急需要为借口，实际上是在限制或剥夺人民的生命权和自由权的。这在历史上已屡见不鲜。目前我们的现代化已懂得强调法制。讲法制当然就要重视人权，在这方面向古人学习、向外国学习都是必要的。但是更重要的是不应该重蹈覆辙，既不应该简单地割断或砸烂旧的文化传统（因为那毕竟是割不断也砸不烂的，它活在我们民族的血脉里、骨髓里），也不应该简单地照搬外来的思想或观念（因为那是不能现成移植过来的，它只能加以咀嚼、消化和吸收而成为自己的营养）。这里没有一个现成的蓝图可循，无论是古代的、西方的或苏联式的。我们希望，经过一次深刻的反思而吸收历史的教训，应汲取一切时代和一切国度的思想的和文化的遗产，包括自然权利理论的合理成分在内，来丰富自己文化和思想的营养，根据自己现实条件加以调整和融合。思想本身没有它自己的历史，它总是受制约于社会现实的。

如果说中西双方的立足点不同的话，那么同样可以说双方有关自然权利的目标和鹄的也不同。我们没有理由用西方观念和历史背景所形成的坐标来衡量中国的人和人权的观念。否则理解中国的观念时，就可能有对传统趋势估计过低而对外来冲击估计过高的危险，或者说过低估计现实生活的力量而过高估计思想理论的作用。这一点是一个严谨的历史学家所应该力求避免的。当然，中国不可能也不应该自外于人类历史发展的总潮流和总趋势，但她却必须是通过她自己的独特的道路而加入到这个普遍的历史潮流之中去的。

四

近代西方思想体系所由以出发的自明的公理，是自然人、是个人、是自然状态之中的个人，然后由这些个人根据自愿的契约行为组成政治状态（civil state），而政治状态的根本目的则在于保障个人的自然权利。自由、平等等等，都是从个人独立存在的价值里面推导出来的。但在中国传统的思想方式上，这个推论的方式则正好相反，即个人只是由集体所派生出来的东西。但是却没有理由认为双方的这一分歧是先天注定的，因为它们都是历史的产物，所以是随着历史的发展而发展的，并且是会随着历史的改变而改变的。重要的是，我们应该正视这个分歧并研究这个分歧。

由个人出发，故而贯穿着西方自然权利的代言人们的理论的那条中心线索是个人与集体的对立，他们时时处处所关注的是要防止集体侵犯个人权利。个人权利是目的，集体只是为此目的服务的手段。贯穿着中国传统理论的中心思想，是个人与集体的统一，在这个统一体中，个人是浸没并融解在集体之中的，此外个人绝没有他自己独立的存在的价值或权利。以个人的自然权利为前提，所以一种外在的、强制的约束力就是一种必不可免的恶，它形成了统治者与被统治者的关系。在传统的中国思想方式里，个人与集体的关系从来都不应是对立的、矛盾的、冲突的，在上者与在下者的关系是教诲与受教的关系。在上者是君师，而在下者则是子民。君师合一，以吏为帅，君统与道统合一，权威原理与真理标准合一。子弟服从家长的意志乃是天然的义务，国家是圣人的制作而不是自由的个人互相协议的契约。

这就涉及了个人主义和集体主义两种不同的理论体系。凡是在历史上流行过的理论体系总是有其合理性的内核的，也总免不了有一大堆弊端的。这里并不想从理论上分析和评论它们两者的是非功过或优劣短长。从根本上说，近代西方理论思维最突出的代表人物如霍布斯、亚当·斯密和康德等，都是以人性中的自利作为自己立论的最根本的出发点的。霍布斯在《利维坦》中的前提是在自然状态中人人相与为敌，人人都是豺狼，专门利己、毫不利人，他由此推论出国家的起源的必然性及其本质。亚当·斯密在《国富论》中的基本理论前提是把一个"经济人"（homo-economicus）作为单子，这个经济学的质点是唯利是图的，他由此出发推论出一个自由竞争的市场经济的运动规律。康德在《历史哲学》中提出：人与人之间的对抗，乃是社会历史发展的动力，即他所谓的"非社会的社会性"。可以设想：假如把亚当·斯密的前提经济人换成一个道德人，即在一个经济社会中每个人都毫不利己，专门利人；或者把霍布斯的政治人或豺狼人，换成一个道德人，即在一个政治社会中人人都是尧舜，满街都是圣人；或者把康德所说的人与人在社会中的对抗换成人与人之间的互相爱护和互相帮助，那么肯定他们的（以及事实上绝大多数近代西方理论大师们的）全部理论大厦就都会彻底崩溃、瓦解。当然，纯粹的道德人和纯粹的自然人、纯粹的利他者和纯粹的利己者，在事实上都并不存在，但是他们在理论上的抽象存在，却构成不同思想体系的出发点，正如几何学中的点和线、力学中的质点和质量，都不是事实的存在，只是抽象的存在，但没有这个抽象的存在，理论的大厦就无由建立，而事实也就无从得到阐明。

自文艺复兴以来，近代西方文化的根本精神是人本的或人文的，这里的人都是指个人，所谓近代意识的觉醒，实际是指个人的觉醒。康德被文德尔班誉为代表近代自我觉醒的高峰。而康德的自律，归根到底乃是一种内在的、超感的、个人的东西，是个人的觉醒。从古希腊以来，人之所以为人，就被看作在于其有理性、能思想。苏格拉底认为"知识就是德行"，亚里士多德认为人是有理性的动物，最高的生活境界乃是沉思[1]。下迄近代，笛卡尔的出发点是"我思故我在"，"理性是使我们有别于禽兽的唯一的东西"[2]。帕斯卡反复申说：人就是为思想而生的，人的全部的尊严就在于思想[3]。斯宾诺莎强调的至善就在于认识。他们都认为这种个人生活的本身即自足的、至善的。这种崇理智于上位的态度——这种近乎尼采《悲剧的起源》中所描叙的日神阿波罗式冷眼旁观的态度——大概绝不会成为注重伦理实践、强调太上立德的中国传统思想的人生理想。在中国传统思想里，绝不会把一种自足的、沉思的个人生活当作人生理想。人之所以为人、人之异于禽兽，并不在于他自身有什么内在的价值要实现，而在于他能对别人尽自己的伦理义务；圣人者人伦之至也，就是说他

---

[1] Plato, *Dialogues*（*Meno*）; *Nicomachean Ethics*, Everyman Lib., V10, Ch. 7.

[2] Descartes, *Discours sur la Méthode* Pt. 1.

[3] Pascal, *Pensées*, Brunschvicg ed., 1912, PP. 346-348.

能把人与人之间的关系实现到最高、最大的限度。人道的极致在于尽伦，而不在于像西方传统所说的那样，充分发展个人的自由的理性生命。诚然，内外是统一而不可分的，但是归根到底，就逻辑而言，仍然有一个主从的问题，究竟哪一个是目的：是个人，还是集体？这或许就是个人主义与集体主义两种思想体系的理论分野。虽然中国也曾标榜过内圣外王之道，但内圣绝不是自足的，它的极致仍然需要外王，格致（思想认识）的最后归宿仍然在于治平，而绝不会把纯思辨的生活当作人生的最高境界。

比较一下中西双方人生理想之不同，或许要牵涉中西文化异同的讨论。自从清末以来，这一讨论就成为一个热门题目了。我想大致可以把对它的见解分为两类。一类认为这个不同乃是两者本性或本质的不同，从一百年前郭嵩焘和严复两个人"论析中西学术异同，穷日夕不休"[1]，直到 20 世纪"五四"时期梁漱溟先生的《东西文化及其哲学》都可以归入这一类。另一类则认为：这个不同乃是两者历史发展阶段的不同，基本上并非是质的差异。它在 30 年代（20 世纪）开始流行，其中不但有马克思主义者，也有非马克思主义者，例如冯友

[1] 王遽常：《严几道年谱》，第7页。

兰先生即是。冯先生就认为，中国与西方之不同就在于中国缺少了一个近代，而且冯先生认为，以子学时代、经学时代划分上古与中古的办法，对于西方文化思想史来说也同样是完全适用的。[1] 新中国成立以后，似乎总的倾向是认为：双方精神面貌的不同，实质即是反映着双方社会历史发展阶段的不同。大致相同的历史发展阶段，应该有着大体相同的思想文化面貌，因为归根到底，上层建筑乃是由经济基础所决定的，并且是与经济基础相适应的。但是在这两类之外，从逻辑上说，应该还容许有一个中间的第三类，即认为双方的不同既是质的不同，也是阶段的不同。这种看法似乎有多元论之嫌。例如，它可以把双方的不同也归结为民族性的不同，而同时并不认为民族性就是阶级性的反映。以阶级性为函数中的唯一变数，这是一元论，认为民族性并非是阶级性的反映或表现，就是多元论了。对于这样的大题目，这里不想轻率做出任何结论。这里只想提这样一点意见：一切社会性都是在历史过程中形成的，并不是先天给定的，所以也要随着历史的变化而变化。强调阶段的不同，主要是从物质条件的发展方面着眼，而强调质的不同则主要地是从精神和思想本身的发展方面着眼。

---

[1]　冯友兰：《中国哲学史》，1935，下卷。

精神或思想虽则必定是在一定物质条件的基础之上形成的，但是一旦形成之后，却有其相对的独立性，它本身就形成一个传统而反过来对历史的发展起到一种制约作用。它并非简单地仅仅是物质条件的消极反射或反映而已。就这种意义而言，对一种思想理论的探讨就不应该仅仅限于它的历史作用和价值。例如一个数学公式是真理，其意义决不仅仅限于它的历史价值如何，即它在历史上是怎样形成的，起了什么历史作用，等等。它作为真理，还是有它自身的独立的理论价值。因此，上述第一类的工作就并不——像第二类所往往认为的那样——是全无意义的工作。第一类工作偏重枝干和花叶的比较；第二类偏重于根本；第三类则倾向于取其全貌——假如多元论在这里不足以成为一种诟病的话。从这里再回到我们的本题：个人究竟有没有其内在的、独立的尊严或价值，还是仅仅是一种工具，其目的只不过为了完成某种外在的、人际关系的需要？康德在讲实践理性时所反复强调的一个中心思想是：人本身就是目的，因此就绝不能把他当作一种工具或手段，"目的的王国"和"自然的王国"是根本不同的——这可以看作近代西方自然权利理论的最完整而又最精练的哲学总结。与此相反，中国传统的论点，则似乎强调人作为工具的价值的那一面。同时似乎应该考虑，个人和集体二者可不可能而且应不应该有一个更高级、更完美的综合，使二者并不成为互相对立的、互相排斥的和互不相容的。

最后一个有关的问题是：一般地说，我们可以承认历史发展阶段论有其合理性，但是具体地说，自然权利观念所反映的西方式的个人主义思想体系，是否就是人类思想发展史上一个必经的阶段？对于这个问题，我想先不妨联系到另一个问题去着想。上面提到过近代科学和近代思想之间的关系：近代科学的古典体系（牛顿体系）理解物理世界的方式，就正是自然权利论者所理解人事世界的那种方式。我们不妨追问：自然科学之走向其近代的阶段，是不是一定要经过牛顿体系的道路，或者一定要采取牛顿体系的形式？在前－近代的历史时期里，中国也曾在世界科学史上有过她的光辉灿烂的一页，她的科学成就也曾在世界文明史上处于领先的地位。中国的古代科学在许多方面和西方近代科学中占主导地位的那种原子论式的思想体系和方法是迥乎不同的，它有没有可能不经过牛顿的体系而完全独立地摸索到另一条她自己的理想近代科学的道路呢？如果对这个问题的答案是肯定的，那么对前一个问题的也可以是肯定的，即中国思想完全有可能不经个人主义思想体系的阶段而进入近代。当然，对前一个问题的答案如果是否定的，却并不意味对后一个问题的答案也必须是否定的。

　　个人主义的思想体系和集体主义的思想体系，两者都有其悠久的历史，并各曾起过重要的作用。如果我们以中国传统对比西方近代，则前者似乎更多地倾向于集体而后者更多地倾向于个人。两者似乎各有其过与不及之处。既然如此，我们是否能设想另一个更高一级的综合作为出发点？本民族的传统是不可能完全割断的，但也不应该是全盘继承的；外来文化是不应该完全排斥的，但又是不可能全盘接受的。或许这就是摆在近代中国面前的、需要解决而又始终没有能很好解决的课题。

原载《学术月刊》1987年第3期

明末清初西学之再评价

◇ 实用主义的态度违背了学术研究的求真原则。

◇ 把学术径直等同于政治，当然有损于学术求真的独立性和尊严性，会使学术沦为当前现实政治利益的附庸。但是同时，学术从来不曾，而且永远也不可能完全独立于现实政治之外，与之毫无牵连；即使是纯粹的自然科学也不会没有其现实政治的作用和内涵。学术永远直接或间接地与政治有联系和影响。

◇ 对历史问题的考察，就不可仅仅着眼于其纯学术的方面，而把它那现实政治社会的内涵和影响置之不理。任何一种历史文化现象必然不可能不与当时的具体政治社会条件相联系，故而也就永远是同时具有着两重性：一方面是它的纯粹和独立性（它是中立于现实政治社会的利益之外的，只应就其本身的是非真伪来评价）；但同时另一方面，它又永远都是现实政治社会的一个组成部分，不可能脱离现实社会政治之外而独立存在，因此永远都是现实政治社会的产物并且也必然作用于并影响于现实的政治社会。历史本身是一个不可分割的整体，每一桩事件都是整体的一个组成部分。

◇（中国）历史要迈入近代，就须以人本主义取代神本主义，经历一番理性的觉醒和启蒙，而天主教传教士的西学却无助于促进这一历史任务。

◇ 如果我们是从这个历史主潮着眼，去评论明清之际的西学传入，那么任何从史实出发而不是从信仰或先入为主的成见出发的论断，都无法使我们肯定这场西学的传入是有助于中国走出中世纪的传统而迈入近代化的大道的。

一

西学传入中国的历史应该以明末清初为其嚆矢。这场传播的媒介者是天主教（旧教）的传教士，全部来自西欧大陆。其后经历了"礼仪之争"而有一个较长的间断期，直到19世纪中叶，西学才二度传入中国。这第二度西学东来的媒介者主要是新教传教士，绝大多数来自英美两国，故其背景与上一次颇有不同。本文对第一次明末清初传来的西学尝试做一个历史的评价，至于第二度的西学东来则不属本文范围，拟候诸异日再做评论。

就中国近代文化史的研究领域而言，对明末清初西学东渐的研究大体上包括以下几个方面：一是西方思想与中国传统思想的冲突与融合；二是西方传入了哪些为中国古代所没有的学术，尤其是科学；三是与西方思想文化的接触如何影响了中国的历史发展。这些自然都成为研究中西文化第一次正式交流这一幕的应有之义。

　　这一研究在本世纪（20世纪）上半叶被称为"中西交通史"，前辈学者如张星烺、冯承钧、向达、方豪诸位先生均属于这个行列中的代表人物。到了本世纪的下半叶，这项研究在我国大陆被称为"中西文化交流史"，除老一辈的专业工作者而外，又涌现出不少中青年的学人。他们或者各有专攻（如研究早期葡萄牙传教士，或某一传教士如利玛窦，或某一问题如礼仪之争），或是注重某一方面（如哲学或宗教）。大抵说来，中国学术界对这个问题的研究似可归为如下三种路数。

　　第一种是教会中人士。他们研究的宗旨在于证道，论证基督教的真理之光。他们深受教会文化传统的洗礼，怀有忠诚的宗教情感，能入乎其内，这是教外人士所无法企及的，但因为缺乏深厚的生活与感情的体验，对任何历史事件的理解都不免是肤浅的隔靴搔痒，不可能触及问题精微的内核，其论断也每有失之偏颇或过分简单之处，其中为护教论而辩护的兴趣，更有甚于纯学术的探讨。所以大抵上他们所汇集和引用的材料虽为研究者们所重视，但其论证和基本立场则每每并不为众多的读者和研究者所认同。

第二种是学者型的纯客观研究，尤其是历史研究。这类研究者大多为教外人士，尤其是近年来中国大陆的学者。他们的研究在许多方面都获得了成绩，然而同时也每每停留在纯客观描述历史的水平上。他们之中相当多的人往往囿于一种难以割爱的先入为主的成见：既然中国有着那么光辉灿烂的悠久文明，既然近代西方文明又毫无疑问地居于全世界的领先地位，所以近代史上这场第一次中西文明的遇合就理所当然地有着极其丰富的内涵和极其深远的历史意义。由于作者们着意渲染这一段历史的重要意义，这一段历史的真实面貌反而被夸大和扭曲了。事实上，那场接触和交流并没有产生它本来所可能有的，也是这些作者们所强调的那种重要性。

第三种研究情况出现在本世纪（20 世纪）40 年代至 70 年代末。这个历史时代的学术指导思想是："政治挂帅""以阶级斗争为纲""科学为无产阶级政治服务"。一切学术研究都毫无例外地归本于为现实政治的利益服务，一切学术问题必须从现实政治利益的角度去考察。尤其是由于我国长期以来有着源远流长的闭关锁国的传统，人们习惯于过分警惕"以夷变夏"的危险。在这种传统的习惯势力和泛政治气氛的笼罩之下，西方传教士所传来的一切，就理所当然地被正名为殖民主义者的文化侵略。这种思路的结论当然是对西学传入的全盘否定。于是在这里，极"左"的激进派观点就和极右的文化保守派观点在排外这一点上形成了统一战线。

上述第三种研究类型的缺点是显而易见的，它那实用主义的态度违背了学术研究的求真原则。它不是先有研究而后有结论，而是先有结论，再去进行研究；这自然有失实事求是的精神。但是其中却并非全然没有合理的成分。学术和政治两者的关系，从来是很微妙的，两者总是既有联系而又有区别。把学术径直等同于政治，当然有损于学术求真的独立性和尊严性，会使学术沦为当前现实政治利益的附庸。但是同时，学术从来不曾，而且永远也不可能完全独立于现实政治之外，与之毫无牵连；即使是纯粹的自然科学也不会没有其现实政治的作用和内涵。学术永远直接或间接地与政治有联系和影响。由于笃信哥白尼的学说，布鲁诺被火烧死，伽利略被判重刑，都是为人所熟知的例子。任何思想文化活动总是在一定政治社会背景之下进行的，并且不可能不受其制约。即如在近代中国，冲击古老的三纲五常传统的有力武器，不仅是当时所谓的"民权平等之说"，而且也还有"物竞天择，适者生存"的天演论，而后者作为一种学术理论，在当时人的理解里却只不过是在说人是从猴子变来的而已。因此，对历史问题的考察，就不可仅仅着眼于其纯学术的方面，而把它那现实政治社会的内涵和影响置之不理。任何一种历史文化现象必然不可能不与当时的具体政治社会条件相联系，故而也就永远是同时具有着两重性：一方面是它的纯粹和独立性（它是中立于现实政治社会的利益之外的，只应就其本身的是非真伪来评价）；但同时另一方面，它又永远都是现实政治社会的一个组成部分，不可能脱离现实社会政治之外而独立存在，因此永远都是现实政治社会的产物并且也必然作用于并影响于现实的政治社会。历史本身是一个不可分割的整体，每一桩事件都是整体的一个组成部分。自 16 世纪起，一些西方国家开始大举向海外殖民，下迄 19 世纪末，全世界的落后地区已经瓜分殆尽。在这一幕世界历史场景中，海外传教事业是与海外殖民扩张携手同步向世界进军的。所以从这个角度来考察传教士的海外活动，研究者不应该撇开世界的政治背景不顾，片面地就事论事或者就传教论传教，否则研究的视角就有欠全面了。因此，上述这最后一种研究途径固然有失于片面，但也恰恰在这一点上弥补了前面两种研究的不足。曹禺是当代著名的剧作家，他在此时所写的剧本《明朗的天》，就反映了当时这种在中国大陆流行的视西方思想为文化侵略的态度。

自从 70 年代末（20 世纪）改革开放以来，学术思想的局面已大为宽松，研究禁区逐步解禁。随着对外交流的增多，中西文化交流史再度成为显学。最初几年的工作主要是编纂和翻译一些有关资料，编写简明教科书式的读本，或对中西文献做一些类比，但作为学术研究，尚有欠深邃的思想和广阔的视野。进入 90 年代后，中国学术界掀起了一阵文化热。等到热潮过后、冷静地进入反思和深入的探讨时，可望在这个领域会有新的突破。

二

本文从以下几个方面来考虑怎样对明清之际的西学东来做出较为实事求是的评价：一是当时世界历史发展的趋势和方向；二是当时中国历史发展的当务之急；三是作为当时西学东传的唯一媒介者和传播者的西方传教士所传来的西学属于什么性质，它们对中国当时的思想文化曾经起了（以及可能起）什么作用。

自文艺复兴以来，西方世界正式步入了近代阶段，在世界文明史上开始居于不容置疑的领先地位。其间在思想史上的一大关键，便是由神本主义转入人文主义，即由中世纪的神学世界观转入近代"人与自然"的世界观。这场历史巨变中最引人注目的一幕是宗教改革。对新教方面的宗教改革所产生的最强烈的反弹，则是天主教方面的反改革运动（Counter-Reformation）。成为反改革运动先锋的则是耶稣会，他们极力维护正统的神学世界观及其思想方法论，以作为其反对近代科学和近代思想的武器。这里值得注意的事实是：明清之际，正是天主教方面反改革运动的传教士（尤其是耶稣会士们）担当了西学东渐的唯一传播者，其主要人物利玛窦、汤若望等，均属于这个行列。

就中国方面而言，明清之际也正值一个历史上"天崩地坼"的时代。半个多世纪以来，中国大陆的史学家多认同这个时期为中国资本主义萌芽时期。无论是同意或不同意这一论点，明清之际的文化已萌发着近代思想的新因素，则是灼然无疑。个人的觉醒、个性的解放、对传统思想文化的批判和扬弃，近代科学与科学思想方法，都已崭露头角。在这个新思潮中，涌现了像左派王学、汤显祖、李贽、徐光启、宋应星、顾炎武、方以智、黄宗羲、王夫之这样一长串代表人物。假如当时中国方面所接触的不是由天主教传教士所传入的传统的神学世界观和思想方法论，而是近代经典科学的体系（哥白尼－开普勒－伽利略－牛顿）和近代的新思维方式（培根和笛卡尔）；那么不难想见，中国历史之步入近代，其历程和面貌必定会大有不同。事实上，中国方面接受近代思想体系，并不会遇到什么很大的困难。如果中国人宣扬哥白尼的体系，怕不至于会像布鲁诺那样被焚死在火刑柱上，也不至于像伽利略那样在悔罪之后还要被判处多年监禁的重罚。但下迄19世纪初叶，有名的学者阮元所编纂《畴人传》一书中，仍然对近代科学的经典体系一无所知，只是提到哥白尼的天静地动说不足为训而已。至于培根或笛卡尔以来的思想方法论，则始终无人提及。

此期的天主教传教士之所以要坚持中世纪的神学体系及其前－近代科学的世界构图，其原因全在于天主教会坚持要维持正统的权威：全部人类的历史乃是堕落、救赎和最后审判的历史，宇宙就是为此目的而创造的，故人类及其所居住的大地就必须是宇宙的中心。中国方面最早知道哥白尼的名字，就我所见是黄宗羲之子黄百家，然而正式对牛顿体系理解和接受，则尚要待到19世纪下半叶的李善兰。检阅一下明清之际天主教传教士的著作，就不能不令人惊讶于他们竟然对新时代的来临是如此坚决抗拒，以至其中竟找不到任何可以称之为属于近代科学或近代思想体系的东西。他们的宇宙构图是中世纪的，他们的理论体系和思想方法是神学目的论的。故此李约瑟博士认为，利玛窦等人的世界观远远落后于当时的中国人。17世纪初，中国科学家徐光启已经总结出了一套理论，明确地呼唤建立"自然哲学之数学原理"。这样一种世界秩序的"铁的法则"——有如笛卡尔所声称的——是上帝也要服从的，而当时西方来华的传教士却仍然极力在宣扬一个中世纪的上帝。

有人认为，虽然当时的西方传教士并没有传入先进的科学体系，但总比没有传来任何东西要好。这是昧于历史大势的一种似是而非的皮相之谈。当然，传教士们带来了三棱镜、自鸣钟直到坤舆全图、泰西水法（包括像圆明园那样的西洋水法）乃至欧几里得的几何体系；这些自然都是属于有价值的知识和技术，有助于开阔中国方面的知识和眼界。这一点是没有疑义的。不过，如果我们放眼当时世界历史与中国历史的时代背景和发展主潮，就应该承认无论当时的世界或当时的中国都正在经历着一个转折的关头，即正在由中世纪转入近代。相应地，无论是在西方还是在中国，当时最根本的关键问题乃是如何迎接和把握这一个历史转折的契机，而这一契机的关键又有赖于近代科学以及与之相关联的近代思想。明清之际，中国社会的发展尽管已落后于西方，然而此际它所面临的历史任务同样也是要走出中世纪而步入近代。众所周知，在西方，近代科学与近代思想引发并推动了近代社会的出现。在中国，假使当时传来的不是古代（希腊）的科学和中世纪的思想体系，而是近代科学和近代思想体系，中国的思想文化必然会呈现为另一种大为不同的新局面，从而大大有助于向近代社会的转化。十多年前，我曾和美国的科学史家席文教授谈及这一幕，他肯定地说：中国方面之所以未能及时接触到近代科学，完全是由于这批媒介者自身的局限性的缘故。否则的话，中国近代的历史面貌将会与我们后来所见到的样子大为不同。思想固然要受到时代与社会的制约，但是反过来，思想也可以左右时代与社会发展的取向和步伐。近代科学与近代思想在西方近代史上所起的作用，提供了一个例证。如果中国方面不是迟至 19 世纪末，而是提早两个世纪就接触到了近代科学的经典体系和近代的思想方法论——这并非是在假设什么不可能的事——似乎并没有理由说中国就不可能更早两个世纪就开始踏上近代化的道路。历史有其必然性，没有近代科学和近代思想就不会有近代化的社会；但是历史也充满了无穷的偶然性，近代科学和近代思想并不必然一定要迟至 19 世纪末才被介绍给中国而开始对中国的近代化起到触媒的作用。在探讨明清之际的西学输入问题时，不应忘记，考察世界历史和中国历史发展途径所应采取的坐标，乃是它们由传统社会步入近代化的历程。脱离了这个坐标而去津津乐道一事一物的传播历程，未免见树不见林而遗其大者。

当时西方天主教反改革运动，其抗拒新的世界观与方法论之坚决与顽固，可谓势所必至。他们绝不可能放弃自己正统神学的立场，所以中国传统的儒道思想对于他们都显得有太多的自然主义的成分。他们采用的论证办法是否定"后儒"，返于"先儒"。所谓"先儒"是经过天主教正统神学改造过了的中国古代观念，即把中国古代的"天"转化为"天主"，从而完成其"合儒"、"补儒"和"易儒"的整体工程。中国传统研究自然与人性的学问统统被归入"性学"，而传教士则在此"性学"之上提出"超性学"，亦即形而上学，"其论乃人性所不能及者，出于天主亲示之训（启示）"。与近代思想的根本取向相反，传教士的神学肯定人类的知识并不是得自经验和推理，而是来自天启。利玛窦的《天主实义》、汤若望的《主制群微》以及其他人的大量著作，主旨均在于论证基督教的神话与神学，因之李约瑟才论断，当时那批传教士的世界观是远远落在中国人之后的。自然不能希望这种中世纪的世界观有助于中国思想文化的近代化。即使是到了 19 世纪末叶，大批新教传教士——他们当时在很大程度上也是向中国传播西学知识的主要媒介人，人数最多时达到五千人左右——也还是步利玛窦一辈人的后尘，仍在向中国人传播基督教教义，而这恰好并不符合当时中国方面的当务之急。事实上，把当时中国最为需要的近代科学与近代思想介绍给中国的，并不是李提摩太、林乐知一辈的西方传教士，而是中国的知识分子和学者。正式把牛顿的古典体系和近代数学（微积分）介绍给中国的，是上面提到的李善兰。而继徐光启的未竟之业，把欧几里得的《几何原本》全部译完了的，也还是中国的学者华蘅芳。把西方近代古典经济学（亚当·斯密）、三权分立学说（孟德斯鸠）和进化论（赫胥黎）介绍给中国的是严复。把近代政治观（卢梭）和近代哲学（康德）介绍给中国的，是梁启超和王国维。把近代西方文学作品（如狄更斯《块肉余生记》、小仲马《茶花女》、斯托夫人《黑奴吁天录》）介绍给中国的，是林纾。可以说，在严格的意义上，近代西学之传入中国并非是通过西方传教士，而是通过中国的学者。在考察中国近代化的历史过程中，西学的传入自然是其中最为关键的一环，但所谓的西学，究其实质则有中世纪与近代之分，这是不可不察的。中国方面如欲完成自己由中世纪过渡到近代这桩历史伟业，最为重要而不可或缺的，乃是近代科学与近代思想，而非中世纪的神学体系。当然，不可否认西方传教士中有不少人具有虔敬的宗教信仰与献身精神，其中也有不少的学者和技术家、艺术家，曾给中国带来了新的知识和技术。利玛窦本人就是一个最出色的代表。尽管如此，这些知识和技术以及这些人的世界观实质上仍然属于古代、中世纪的传统范畴，而与近代化的方向不但无缘而且是背道而驰的。因此，明末清初的这一幕由天主教传教士所演出的西学东渐，从根本上说并没有触及当时中国历史发展的核心问题也就是中国的近代化的问题。形成这种局面的原因，还需要深入探讨传教士的背景、他们与当时的现实政治社会在利益上的联系。

三

自此以后，中国思想文化史仍然沿着本民族旧传统的路径而开展，并没有因为接触到西学而经历一番近代科学和近代思想的洗礼而认真踏上近代化的道路。有清一代的学术所受到的西方影响，主要的是天文历算，而且其性质从整体上说也是中世纪的而非近代的。清代数学家大多兼通西法，而所谓的西法并没有多少近代的成分在内。笛卡尔的解析几何、牛顿或莱布尼茨的微积分学奠定了近代数理科学的基础，当时均未传来。那皮尔的对数，传教士穆尼阁曾以之授薛凤祚，但中国学者未得其详，更谈不上应用。没有近代科学，自然也就没有与之相应的近代思想。清代的学术主流是汉学考据，尽管也做出很大成绩，却不可能开辟近代思想文化的新面貌和新局面。真正近代意义上的思想文化的新面貌和新局面要待到19世纪末的戊戌变法时期始正式登场，要待到20世纪初叶的五四运动时期始正式奠定。而它的登上历史舞台，首先而且主要的却是中国知识分子引入西学的结果，与西方传教士的关系并不大。宗教神学自有其精神价值，但它对中国历史发展的主潮即中国的近代化并未构成影响。利玛窦、汤若望所宣扬的神学目的论，傅汎际所介绍的形而上学和逻辑方法论，在有清一代的学术思想界都找不到任何可观的痕迹即可说明这个问题。

应该注意到这样一个基本事实：明清之际西方传教士之得以进入宫廷，乃是以客卿的身份为宫廷服务；上焉者不过是参与观测天象、修订历法的技术工作，下焉者只是宫廷中待召的工匠、画师或乐师。他们的影响不出于宫廷之外。他们并没有传教布道的自由，更何况来自中国传统的阻力也是极其强大的。"以夷变夏"从来都是中国方面的大防，一切宗教异端都被看作白莲教之类的妖言惑众。基督教神话的那些非常疑义可怪之说，禁不住一个非常重视实际而缺乏任何真正的宗教情感和信仰的汉民族从理智和常识的角度加以诘难。这些都要比经过近代理性洗礼的近代科学和近代思想更难以为中国方面所接受。当时吸引了一部分中国士大夫的，首先也是某些为中国所没有的科学知识和技术。西方传教士曾设想通过"合儒""补儒"到"超儒"，在中国建立起一套"天学"的思想体系，然而他们的神学世界观却不足以语此。历史要迈入近代，就须以人本主义取代神本主义，经历一番理性的觉醒和启蒙，而天主教传教士的西学却无助于促进这一历史任务。

世界历史进入近代之后，已日益密切地连为一体，已没有一个民族可以保持闭关孤立而与外部世界绝缘，尤其是像中国这样一个大国。但是，自从外面的世界进入近代以后，中国即从原来的领先地位逐渐落后了，而且采取了闭关锁国的政策，致使到了19世纪竟沦为帝国主义列强竞相瓜分的猎物。一个半世纪以来，饱尝内忧外患、贫困积弱之苦的中国，到20世纪上半叶还特别面临日本穷凶极恶的侵略，亡国灭种之祸迫在眉睫。对于中国来说，压倒一切的燃眉之急就是向何处去寻求救国救民的真理，以期挽救民族危亡和解除人民的痛苦。正如其他许多较为落后的民族一样，当时中国的思想界也大抵自然分化为两种倾向，一派主张维护国粹以抵御外侮，一派主张学习西方以求变革图强。然而仅凭旧文化传统显然是无能为力的。假如所谓的国粹真有起死回生、返老还童之效，那么中国在参与了世界大家庭之后，早就应该领先而不致沦为别人侵略的对象了。西学派则认为，传统旧文化已无法挽救中国，如欲图强就必须变法维新，即改变中国旧传统，转而学习西方的先进的事物，而当时世界上只有西方是先进的。于是晚清就出现了变法维新的要求，出现了中学、西学之争。在这里，中学、西学是一个很不确切的概念，固然在当时有其明确的内涵，但时至今天已失去了其意义，较为确切的提法应该是固有的传统与近代化（和现代化）之争。而主张近代化的知识分子一方面是非常爱国的，同时另一方面又是极其反传统的，因为中国的贫弱和落后是和传统旧学联系在一起的。这是一幕最堪瞩目的历史现象。在其他许多落后国家里，凡是反抗外来势力侵略的，一般总是要大力以本民族的文化传统，作为抗御外侮的思想武器，中国却反其道而行之。这一现象至少表明了一点，即中国方面在思想上是开放的。不仅是19世纪，早在明清之际，徐光启、李之藻、方以智一辈人即是开放的。相形之卜，明清之际的西方传教士在思想上却抱残守缺，既不肯接受近代科学与近代思想，又以其中世纪的神学拒斥中国的传统文化。历史学研究的对象乃是已经发生的事实，但并不排斥某些可能的假设。假如当时传入中国的是近代西学与近代思想，又假如媒介者能以博大宽容的胸怀融合中国传统文化中的优秀的、科学的、人文的因素，那么中国走上近代化（以及现代化）的历程当会不同于尔后的现实。

有的历史学家认为历史发展是有规律的，另有的则不承认有什么规律可言。无论有规律与否，大家恐怕都不会不承认人类历史有古代、中世纪与近现代之分，而且这个区分并非只是时代的远近之别，还各有其不同的内容实质与不同的精神面貌。传统社会被一种封闭的、严格规定了的经院哲学的意识形态所统治；近代社会则为一种开放的、没有任何权威所规定的意识形态所统领。这乃是一个经验上的事实。同样，一旦历史上有了一个从传统社会走入近代社会的先例，这一由传统走入近代化的历程就不可逆转地而又无可逃避地成为世界上一切民族的通例。即使这不是一个规律，但至少它是一个经验中的事实，是世界上一切民族所概莫能外的。除非我们能够想象有哪个民族能够永远停留在传统阶段（哪怕是一个桃花源的世界），永远孤立于近代世界大家庭之外，否则的话，近代化就非但是不可避免的事，而且也是一切民族历史发展的独一无二的大事。这个更广阔的历史背景应该是我们看待正处于转型期的中国近代早期历史的唯一坐标。评价明末清初西学第一次传入中国的是非功过，无论是就思想理论方面而言，还是就学术（尤其是科学）方面而言，这应该是研究者的唯一尺度，而并不关乎有关人物的个人的道德品质、学养或才干如何。即如以当时西学的开创者与奠基人利玛窦而论，毫无疑义，他在功业上是可赞叹的，不远三万里、历尽艰辛、九死而无悔地来到中国，那种品格和情操是卓绝的；他能跋涉大半个中国，成功地进入宫廷，结交中国士大夫，那种杰出的才能是几个世纪之后的读者都会为之惊羡不已的；他既能尊敬一种异教文化，又能以基督教教义与之相融合，毕竟开阔了中国的视野，丰富了中国的心灵。但是我们却不宜过多地着眼个人的品质方面，而忽视更大的关键问题，即中国历史正处在最需要近代化的关头。

如果我们是从这个历史主潮着眼，去评论明清之际的西学传入，那么任何从史实出发而不是从信仰或先入为主的成见出发的论断，都无法使我们肯定这场西学的传入是有助于中国走出中世纪的传统而迈入近代化的大道的。

原载《学术月刊》1999 年第 1 期

纪念清华国学研究院成立80周年感言

◇ 如果由于社会之步入现代化，我们就以为可以抛弃几千年来的文化精华，那既是不可能的事，而且也是对历史文化的犯罪。但如果是墨守前人的成规，皓首穷经而不思革新与进取，那同样是自甘堕落而有悖于时代精神的要求。

◇ 人类文明是一个曲折不断而积累不断的前进历程。我们是在已有的基础之上不断地创新和进步的。如果彻底砸烂一切原有的旧文化，那么，我们就只好倒退到野蛮状态，一切都要重新从零开始了。这在理论上是荒谬的，在实践上是讲不通的。继承过去和创新未来是一个连续的不可分割的整体工程。

◇ 追求真理的精神与名利的诱惑，两者是格格不入的。当人们念念不忘追名逐利的时候，追求真理的热忱就消失得无影无踪了。

今天我们大家在清华大学集会，纪念近代中国学术史和文化史上的一件大事——清华国学研究院成立80周年。清华国学研究院的成立标志着我国学术文化正式开始步入了新阶段：一方面她是几千年博大精深的中华传统学术文化的继承和发展，另一方面她又开辟了我国学术思想现代化的新阶段和新生命。她不是传统汉学、宋学以至乾嘉考据的简单继承，而是在吸收现代世界先进文化之精华的基础上开辟了我国现代学术思想的新天地，从而赋之以光辉灿烂的新生命。如果由于社会之步入现代化，我们就以为可以抛弃几千年来的文化精华，那既是不可能的事，而且也是对历史文化的犯罪。但如果是墨守前人的成规，皓首穷经而不思革新与进取，那同样是自甘堕落而有悖于时代精神的要求。

清华国学研究院当时前后只有短短四年，导师只有六位，学生先后不超过百人。然而她取得了骄人的成绩，支撑了文化转型时期我国精神文明与学术思想的半壁江山。她所培养的学生蔚为20世纪上半叶我国人文学科当之无愧的中流砥柱。不妨设想，假如把当时这个为数不足百人的团队的名单从中国学术思想史中抽掉，那么，我国的人文学术将会呈现为一副何等之苍白无力的面貌。

人类文明是一个曲折不断而积累不断的前进历程。

我们是在已有的基础之上不断地创新和进步的。如果彻底砸烂一切原有的旧文化，那么，我们就只好倒退到野蛮状态，一切都要重新从零开始了。这在理论上是荒谬的，在实践上是讲不通的。继承过去和创新未来是一个连续的不可分割的整体工程。清华国学研究院就为我们提供了一个极其珍贵的典范。我们要继承前贤的这一典范并继续不断地发扬光大，这乃是我们对于当年清华国学研究院的最好的纪念。

当年的国学研究院六位导师之中，只有一个博士（赵元任先生，而主任吴宓先生并非博士），而在近百名学生中间也并无一个是博士。较之今天不但博士而且更加有博导与博士后之大批量的生产者，固然是时代不同了；然而双方之间的德才学识就其可比较的方面而言，是不是当年的那批莘莘学子就比不上今天数不胜数的博导和博士后们了呢？王惠瑜先生曾在一篇文章中提到某出版者曾经大笔一挥，一口气就封了20多位"国学大师"，然则全国各个地方总计又应误封出多少位大师来？当年清华国学研究院的几位导师理应是当之无愧的大师了吧，但国学研究院却从不曾封他们为大师，更梦想不到的是所谓博士后、博导以及形形色色的繁杂名目。他们眼睛盯着的是追求真理，而不是盯着追名逐利。有一位80多岁的老太太依然孜孜不倦地每天去实验室做她的科学实验，有一个人走过来告诉她说："您获得诺贝尔奖了！"她说："哦，诺贝尔奖？"随即又低下头去继续做她的实验。假如她的眼睛一味只是盯在诺贝尔奖上，她大概是得不了诺贝尔奖的。近来看了几篇谈太平天国的文章，大都谈到太平天国的黑暗面，并指出这些黑暗面乃是导致它失败的原因。但似乎还有一点尚没有被研究者所深入探讨，那就是太平天国体制中的名器之滥也应该是导致它败亡的契机之一。太平天国的末日，仅南京一个城之内封为王的就有2000人之多。然而2000多个王爷却并无补救它败亡的命运。追求真理的精神与名利的诱惑，两者是格格不入的。当人们念念不忘追名逐利的时候，追求真理的热忱就消失得无影无踪了。记得曾有一次和一位北大的中年教师谈话。我说：我羡慕你们现在有条件可以认真做一些自己感兴趣的工作，我们当年是无此条件的。他回答说，其实这一点也难以做到。我问是什么缘故？他说："心理上不平衡。"固然，人是一个社会动物，不可能不受到社会条件的制约和影响。但同时，人也是社会的主人，是历史的创造者，是有可能改造社会的条件和影响的。其中关键固然在于领导，然而大多数的群众也不可就此规避自己的天职。在这方面，国学研究院的前辈学者就为我们做出了可敬的榜样。清代学者颜元曾有言："学者勿以转移之故委诸气数；一人利之为学术，众人利之为风俗。"移风易俗，学者应该是以身作则、责无旁贷的。我们前辈的学人曾经高擎"独立之精神、自由之思想"，以之总结清华国学研究院的精神；又曾以"自强不息、厚德载物"作为清华的校训。今天对前辈学人最好的纪念，就是从他们的手中接过这个火炬继续前进并发扬光大，使自己无愧于前可以对我们的前辈、后可以对我们的来者。

祝国学研究院的精神光辉永远照耀着我们继续前进！

原载《清华大学学报（哲学社会科学版）》
2005 年第 5 期

应重视精神文明的现代化

◇ 一切精神文明都应该以尊重人的尊严和价值为其出发点和归宿。

◇ 在以人为本的大前提之下,政治上就应该是归属于由人民做主人的政治民主,在经济上就应该是尊重人民的生存权的经济民主,在社会上就应该是保障人民享有安全与福利的社会民主,在思想上就应该是保障人民享有一切精神活动的自由权利的文化民主。

◇ 物质文明对于一切国家和民族都是雷同的,而精神文明则因不同的国家和民族各有其不同的历史文化积淀而各不相同。然而我们却不宜因此就以其特殊性而简单地否定精神文明的普遍性或普遍价值。人类的精神生活在本质上有其共同的基础。毕竟普遍的共性是第一位的,而各种特殊的个性则是第二位的。精神世界的真理也正如物质世界的真理一样,是放之四海而皆准、侯诸万世而不惑的。普遍原则是根本性的,而特殊的形态则是由特殊条件所派生的。我们不宜以特殊性为借口而抹杀普遍性的首要地位。

尽管特色也是普遍存在的，但它却是与时俱进的，并随时而变的，它并不具有普遍的和永久的价值。

目前我们正在进行着一场现代化的大业，它应该被认为是我们历史上最重大的一场变革。而现代化则理所当然地应该包括两个方面，即物质文明的现代化和精神文明的现代化。物质文明的现代化，如工农业生产的现代化、科学技术的现代化，其优劣得失是显而易见的，也是有目共睹的，人们较易进行比较和鉴别。而精神文明的现代化，包括社会政治的体制与运作以及思想意识与伦理风尚的现代化，却由于各个民族历史传统的不同则较难比较。物质文明对于一切国家和民族都是雷同的，而精神文明则因不同的国家和民族各有其不同的历史文化积淀而各不相同。然而我们却不宜因此就以其特殊性而简单地否定精神文明的普遍性或普遍价值。人类的精神生活在本质上有其共同的基础。毕竟普遍的共性是第一位的，而各种特殊的个性则是第二位的。精神世界的真理也正如物质世界的真理一样，是放之四海而皆准、俟诸万世而不惑的。普遍原则是根本性的，而特殊的形态则是由特殊条件所派生的。我们不宜以特殊性为借口而抹杀普遍性的首要地位。尽管特色也是普遍存在的，但它却是与时俱进的，并随时而变的，它并不具有普遍的和永久的价值。

以人为本应该是一种普遍的价值，它也是古今中外一切道德法律所肯定的价值之所在。马厩失火，孔夫子问人，不问马。即使是在你死我活、生死搏斗的战场上，被缴了械的战俘也不应该受到虐待或侮辱。即使是对死囚也不能施以非人道的待遇。这是对作为人的尊重，而不问其身份如何。一切精神文明都应该以尊重人的尊严和价值为其出发点和归宿。所以在以人为本的大前提之下，政治上就应该是归属于由人民做主人的政治民主，在经济上就应该是尊重人民的生存权的经济民主，在社会上就应该是保障人民享有安全与福利的社会民主，在思想上就应该是保障人民享有一切精神活动的自由权利的文化民主。固然当今世界的现实还远远未能实现这种精神文明的现代化，但这却应该是人们所努力追求的目标。物质文明的现代化与精神文明的现代化二者是相辅相成、缺一不可的。难以想象一个物质文明高度发达的现代化国家，其人民的精神文明却滞留在落后的、野蛮而愚昧的状态。当我们把目光放在物质文明的现代化的同时，也应该同样地重视我们精神文明的现代化。只有物质文明和精神文明相应地保持着同步前进，我们才能真正完成现代化的这项伟业。

一个现代化的社会应该是一个和谐的社会，而一个和谐的社会就需要有一种和谐的文明，也就是物质与精神双方都相适应的文明。假如物质文明的进步未能与人类精神文明的进步保持和谐一致，那么其结果很有可能是人类的邪恶精神把物质文明转化为一种破坏性的力量，甚至导致人类自身的毁灭。那就不是造福而是作孽了。

原载《人民论坛》2005 年第 7 期

关于诺贝尔奖情结

◇ 问题并不在于某个学校出了几个诺奖（或其他什么奖）的得主，而在于它是否能培养出一批人才，能否开创并领导一个国家、一个时代的学风。伟大的学术与学风不可能是靠媒体炒作吹捧出来的，也不是靠金钱、物质刺激或关系学所培养出来的，而是要靠有一批先进思想者凭自己的劳动所创造出来的。

◇ 只有货真价实的精金美玉才能为后世所宝。一个学校的生命或一种学术的生命如果是靠大吹大擂，终究只能是过眼云烟。

◇ 一个牛顿的价值要胜过一百个恺撒。

　　几年前曾经看到过一篇文章，名为《难伺候的中国人》，文中讥嘲了某些中国人的诺奖情结；然而文中语多讥讽，似乎不宜视为郑重之作。我以为对于某些人的诺奖情结虽然不必加以嘲笑或讥讽，但某种诺奖情结的存在，终究是无可否认的事实。今年秋季适逢西南联大七十周年的庆典，偶然联想到诺奖，因聊赘数语作为感言。

当年西南联大的生存，为期前后不过八年又半（1937 年 9 月至 1946 年 5 月）。以言当年的物质条件，诚可谓贫困不堪。学生们的宿舍并无一砖一瓦，全是夯黄土为墙，堆茅草为顶，窗子没有一块玻璃，仅有几根树枝聊以象征。绝大多数的师生几乎经常是食不果腹，衣不蔽体。在校学生总数不会达到两千人。假如以它和它身后的三校（北大、清华、南开）做一个比较的话，那么三校园内在校的学生总数当在六七万之间，相当于当年的三十倍之多。以言财力，今天三校校园内高楼大厦林立，与当年西南联大的茅屋草舍已有天壤之别，不可同日而语，所耗费的资金当在当年西南联大的数百倍以上。三校的年寿，如从解放时期算起，当已有五十九年；如从改革开放算起，亦当有三十年，亦为当年西南联大寿命的四倍乃至八倍。以人力、财力和时间的条件而论，都是当年西南联大所无法望其项背的。以如此之优越的条件和实力，则获得诺奖，理当不在话下，但却又未能获得一个诺奖，似乎有点令人难以想象，其故安在？

当年西南联大曾培养出了两位诺奖得主。另据传说（我只是听到传说如此，姑妄言之），沈从文先生已被诺奖委员会内定为获奖者，但恰在此时，沈先生谢世了，按诺奖规定是不颁发给已故者的，所以沈先生就与诺奖失之交臂。此外，还可以提到斯坦福大学华裔教授朱棣文前几年获诺奖。朱棣文的父亲朱汝瑾出身于西南联大化学系，毕业后即在化学系任助教，他的姐姐朱汝华是西南联大化学系唯一的女教授，教有机化学。后来姊弟二人均滞留美国。据化学系一位同学语我，我国化学界的元老曾昭抡教授平生有两位得意门生，一个是钱思亮（北大教授，后任台湾大学校长、"中央研究院"院长），另一位即朱汝华女士。因此化学应该是朱氏的家学。按一般惯例，校友家属也被列为校友，则朱棣文似亦可列为半个联大校友。

问题并不在于某个学校出了几个诺奖（或其他什么奖）的得主，而在于它是否能培养出一批人才，能否开创并领导一个国家、一个时代的学风。伟大的学术与学风不可能是靠媒体炒作吹捧出来的，也不是靠金钱、物质刺激或关系学所培养出来的，而是要靠有一批先进思想者凭自己的劳动所创造出来的。时代创造人，人也在创造时代。时代可以束缚人，但人也可以改造时代，其间关键在于谁能领导时代的潮流。我们今天还在怀念蔡元培，若是没有他，"五四"也许不可能有那么光辉的业绩。蔡元培主持北大和中研院的教授群和院士群，大多并非是做官的或有官方背景的。今天很多人也怀念梅贻琦的名言："大学者，非有大楼之谓也，有大师之谓也。"他所领导的学者群，大部分也都是以其学术而不是靠关系学的背景而享有盛名或为人所称道的。

市场竞争往往要靠有着关系学作为背景，但那虽然也能取媚于一时，却终究不过是过眼云烟。事实上，只有货真价实的精金美玉才能为后世所宝。一个学校的生命或一种学术的生命如果是靠大吹大擂，终究只能是过眼云烟。"尔曹身与名俱灭，不废江河万古流。"只消看一下有多少令人眼花缭乱的明星曾经活跃在大舞台之上，然而转眼之间就被人们忘得一干二净了，就可以看出此中消息。我们在辉煌耀目的种种炒作之余，是不是也应该要多做一些踏踏实实的基本建设的工作。毕竟一个牛顿的价值要胜过一百个恺撒。

我们可以少一点诺奖情结，乃至其他什么奖，例如奥运奖、奥斯卡奖之类的情结，但要多一点扎扎实实的功夫奖、创造奖。也许到了那时候，我们的诺奖情结才能够真正得到满足。

原载《随笔》2008年第2期

编　后

一切炫人眼目，都只不过是一片过眼云烟，唯有真正的精金美玉才为后世所宝。

——歌德

何兆武先生今年已经 98 岁高龄。4 月底，清华 108 周年校庆期间，一位老师告诉我，何先生精神不错，身体尚健，只是听力变弱。我觉得这是清华校庆期间我得到的好消息。

九年前，因写作出版《一个时代的斯文：清华校长梅贻琦》，我有缘认识何兆武先生。何先生 1939 年考入西南联合大学，1943—1946 年读研究生，联大七年先后读过四个系，他在《上学记》里详细讲述了在西南联大求学时的无限欢乐——有大师、有挚友，有希望、有迷茫，有幸福、有困顿，有和平、有战火……一谈起西南联大的主心骨梅贻琦先生时，何先生那写满岁月沧桑的笑脸上，绽放着虔诚和崇敬，悄然感人。他娓娓地回忆起老校长梅先生的敬业、沉稳、纯粹的品性，平和地述说梅先生的逸事趣闻，高度评价了梅先生的教育理念和办学成就。

听何先生讲梅先生的故事，我也就慢慢地走近何先生。当时已届九旬的他，心平如镜，谦和若水，虽然一再抱歉记性差，可一打开话闸，世间万象皆了然于心。他思维敏捷流畅，许多场景描述得如同电影一般清晰有趣，有时哪怕是家常式的聊天，却常常闪烁着哲思的光芒，让听者感受到的是思想的盛宴。

何先生说，渴求真理乃是人之所以为人的绝对需要。人之异于禽兽就在于：人不是一种食肉兽，是一种食真理兽，要靠吃真理而生存。因此，何先生一辈子都在追求真知，即使在劳动改造，不闻学术的昏暗日子里，他也没有放弃过。对于学术，何先生坚信，学术有它自己的尊严和价值，不是神学说教的女仆。他真诚希望自己的潜心问学，能够帮助人们开启迈向现代化的大门。

科学是一把双刃剑。在何先生看来，科学在近代已经取得了无与伦比的胜利，但是它还没能完全克服人们思想中的偏狭、愚昧和迷信，它还需更好地认识它自己的有效性的范围，承认在自己的领域之外的其他各种非科学思想的合法地位，包括道德、伦理、信念、理想、感情等等在内。人类并没有仅仅因为科学的进步，就能保证自己的生活更美满、更幸福。美好的生活、美好的社会和美好的历史前景，并不仅仅依赖于我们必须是"能人"，还更加有赖于我们必须是"智人"，是真正有智慧的人。没有人文社科的健全发展，科学（知识就是力量）一旦失控，将不但不是造福于人类，反而很有可能危害于人类。的确，如果希特勒之流掌握核心技术，那必定是人类的劫难。

作为历史学家，他一直在从古今中外的大历史中寻找中国迈向现代化（或近代化）的文明进步之路。何先生认为，人类文明的进步，首先而且主要是靠此前历代智慧的积累。如果不是站在前人已有的基础之上，反而把前人的成就和贡献一扫而光，人类就只好是倒退到原始的野蛮状态，一切又从零开始。前人积累的智慧结晶不但包括物质文明，也包括精神文明，不但包括科技和艺术，也包括历代所形成的种种风俗、体制、礼仪、信仰、宗教崇拜、精神面貌和心灵状态等等。因此，任何人都无权以革命的名义（或以任何的名义）去破坏和摧残全民族、全人类千百年的智慧所积累的精神财富。

近代中国已经无可逆转地步入了世界大家庭，这一进程只能是一往无前而义无反顾的。近代以来，确实有人也曾想要闭关自守，甚至以天朝上国的姿态妄自尊大，俯视环宇，结果只是落得一场堂·吉诃德式的闹剧的幻灭。

中国近代化的起步要比西方晚了三个世纪，因此人们就错误地认为我们近代化就要学"西学"。何先生一再提醒，其实我们要走的乃是近代化的道路，这是全世界共同的道路，不论哪个国家，哪个民族都要走近代化的道路。只不过这条共同道路上，西方比其余的世界（包括中国）先进了一步而已，这是大家共同的道路，不是"西方"的道路，不过是西方早走了一步而已，我们中国人也要走这一条道路，所有的国家都要走这一条道路，近代化道路是所有国家共同的道路。

由于历史条件不同，每个民族当然有各自过去历史上所形成的特色，但它共同的道路乃是普遍的，普遍性终究是第一位的。中国当然有中国的特殊性，每一个国家，每一个民族都有它的特殊性，不光是国家、民族有特殊性，个人也会有特殊性。人类的历史有它的普遍性，也有它的特殊性。我们不能强调一方面，忽视另外一方面。比如特别强调中国的特殊性，讲什么都把它放在第一位，那你把普遍性价值放在什么地方？同样，反过来，如果只提普遍性，那大家千篇一律、千人一面，这样也不成。任何东西都是从传统里边演变出来的，所以不能对传统全盘否定；可是又不能永远停留在原来的那个水平上，总是要不断地提高和进步的。

作为哲学家，他从中国哲人到西方哲人那里广泛地汲取文化思想史的营养，不断地丰富自己的学术洞见，探索中国现代社会（或近代化）文明进步的要素。

何先生说，一部人类史的开阖大关键，不外是人类怎样由传统社会转入近代化的历程。其间最为关键性的契机，厥惟近代科学与近代思想的登场。近代科学与近代思想之出现于历史舞台，不应该视为只是一个偶然的现象，它乃是一项整体系统工程的产物。中世纪的思维方式产生不了近代科学。这是一场思想文化上脱胎换骨的新生，培根、笛卡尔、帕斯卡、伽利略、伏尔泰、卢梭等一长串的名字都为此做出了不可磨灭的贡献。近代思想文化的主潮或许可以归结为这样的一点，即人的觉醒。换句话说，自从文艺复兴以来，近代思想的总趋势即是人的觉醒；在启蒙时代，康德的理论里达到了它的最高境界——自由，以自由为基础的道德律和权利，绝不是一句空话，它是驾驭人类历史的大经大法。全部人类的历史就是一幕人类理性自我解放的过程，也就是理性逐步走向自律的过程。思想自由、言论自由和学术良心是被康德所强调的一个公民最根本的、不可剥夺的权利。无论自己侵犯别人的自由，还是别人侵犯自己的自由，都是最严重的侵权行为。一切政治都必须以人类自由为原则，否则政治就会堕落为一场玩弄权术的无聊游戏。

正是这些先哲三百多年来前赴后继的启蒙，使得19世纪英国法学史权威梅因可以用一句话高度概括人类的文明史——迄今为止，一切进步性社会的运动，都是一场"从身份到契约"的运动。也就是说，一切进步性社会的特点，都是人身依附或身份统治关系的消失而让位给日益增长的个人权利与义务的关系。何先生强调，圣人制作和名教统治都不是什么垂宪万世的东西；永恒不变的只有个人的天赋人权或自然权利。人是生而具有平等的权利的，因而是生来就享有自由的；这些权利是自然所赋予的（天赋的），不分等级高下。

具有划时代意义的五四运动已经一百年。何先生也和我多次谈到五四运动。何先生说，中国历史从传统社会走到现代社会，直到五四运动，才总结出科学与民主两面旗帜。因为近代化是一个全球性、普遍性、不可逆转的潮流，但如果没有科学和民主，就很难有近代化。讲究科学，就必须有一个条件，即思想自由。如果思想上没有自由，学术是无法进步的。而民主就是民主，不民主就是不民主。民主和科学一样，有粗精之分、高低之分，形式可以有不同，实质是一样的。就我们现在来说，近代化具有普遍性，是第一位的，民族特色是特殊性，是第二位的。

上大学时，何先生经常与他的同学挚友、世界著名的逻辑学家王浩先生探讨人生幸福这类永恒的话题。他谦逊地说，其实没有标准答案。不过，何先生还是给出幸福的方子，一个是你必须觉得个人的前途是光明的、美好的。另一方面，整个社会的前景，也必须是一天比一天更加美好。如果社会整体在腐败下去，个人是不可能真正幸福的。能够讲述世人幸福之道的何先生，幸福吗？他经历沧桑，在战乱频仍、饥饿横行、疯狂无限后，始得晚景的一片安宁。不过，从他那和蔼安详乐观的神态里，我觉得他是幸福的。这种幸福不是一般人能够体会到的，只有像他这样经历苦难仍悲悯天下，穿透迷雾而拨云见日，坚信我们终将走上现代化大道的人，才能有这样难得的体验，才配享这样多彩的百年人生。

何先生曾借用诗人济慈的墓志铭说："人生一世，不过就是把名字写在水上。"细细体察何先生近百年来的行谊，他一直都这样看淡自己的人生，在追名逐利的浮躁氛围中，学富五车的何先生却始终与思想为友，甘于清贫，甘于寂寞，宁静淡泊。不过，我坚信，不论何先生自己如何淡然，但如他这样的人中龙凤，像他这样的人生，一定会被后人所记。

阅读何先生的作品，无论是他的学术文章，还是随笔散文，都是一种享受。他的文字简洁、干净、幽默、睿智，常常让人耳目一新，感受到通往常识和智慧道路上的豁然和快慰。比如，常有人认为明清之际，西方传教士为中国带来了近代科学技术。何先生一直反对，他认为，近代世界的主潮是科学与民主。那些传教士是要传播中世纪的宗教，跟近代科学和民主并没有关系，因为中世纪宗教实质上反对近代科学，这些传教士不可能带来中国所需要的近代科学与近代思想，所以他们对于中国的近代化没有贡献。

承蒙何先生信任，我有幸整理、编辑他自20世纪80年代以来发表在各类报刊上的学术文章和随笔散文。这些文章视野非常开阔，但主题却是高度的集中，即近代化是世界各国的共同道路，中国也概莫能外。要走近代化道路，就必须举起科学和民主两面大旗。我将何先生的文章，依所涉内容辑成历史、哲学、文化、读书四大类，辑成此书，旨在为面向未来的读者提供普及常识、追求真知的读本。2012年初版时为厚厚的一册，再版时为了方便读者阅读，特将此书按历史、哲学、文化、读书四大类内容单独成册。

在2012年本书初版时，得到科学出版社大众图书出版分社社长周辉先生的鼎力支持。此次再版，微言传媒总编辑周青丰先生给予专业支持和协助。这本书的出版过程中，自始至终得到清华大学经管学院刘燕欣老师的鼓励和帮助。在此，我谨向他们致以诚挚的谢意！

最后，我要感谢我的妻子和女儿。如果没有她们的理解和宽容，为我营造思想的自由世界，我很难能经年累月地静下心来发现与采撷何先生的这些"精金美玉"，呈献给诸位读者。

钟秀斌
2019 年 5 月于北京

图书在版编目（CIP）数据

冲击与反响：何兆武谈文化 / 何兆武著 .
-- 上海：学林出版社，2019.10
ISBN 978-7-5486-1578-1

Ⅰ .①冲… Ⅱ .①何… Ⅲ .①东西文化—比较文化—研究 Ⅳ .① G40

中国版本图书馆 CIP 数据核字 (2019) 第 226855 号

策 划 人	钟秀斌　周青丰
责任编辑	王莹兮
特约编辑	夏　青
封面设计	微言视觉｜苗庆东

何兆武思想文化随笔

冲击与反响：何兆武谈文化

何兆武 著

出　　版	**学林出版社**	
	（200001　上海福建中路193号）	
发　　行	上海人民出版社发行中心	
	（200001　上海福建中路193号）	
印　　刷	上海盛通时代印刷有限公司	
开　　本	787mm×1092mm　1/32	
印　　张	6	
字　　数	101 千字	
版　　次	2020 年 1 月第 1 版	
印　　次	2020 年 1 月第 1 次印刷	
ISBN	978-7-5486-1578-1 / G・605	
定　　价	45.00 元